AF191120

Ralf Booth

Das
kunterbunte
Schneckenhaus

Mit Snoezelen entschleunigen

Ein Angebot für Kinder
im Vorschul-
und frühem Grundschulalter

Bibliografische Information der Deutschen Nationalbibliothek:
Die Deutsche Nationalbibliothek verzeichnet diese Publikation in der
Deutschen Nationalbibliografie; detaillierte bibliografische Daten sind im
Internet über http://dnb.dnb.de abrufbar.

© 2023 Ralf Booth

Herstellung und Verlag: BoD – Books on Demand, Norderstedt

ISBN: 978-3-7578-0091-8

Inhalt

Was ist an diesem Buch zum Thema Snoezelen so besonders?

Da ist die Protagonistin, die kleine Schnecke Luna Langsam mit ihrem bunten Schneckenhaus als Symbol der Entschleunigung. Sie gibt einerseits allem Handeln innerhalb des Snoezelen für Kinder im Vorschul- und frühem Grundschulalter einen hilfreichen Rahmen. Andererseits ist sie der rote Faden, der sich durch die praktischen Antworten zieht und dem Anwender so ihre ganz eigene Hilfe anbietet.

Aber auch ihre sehr individuelle Art das Snoezelen zu strukturieren ist eine Besonderheit dieses Buches. Nicht so sehr die Frage, was gefördert wird, sondern wie dies getan wird, erhält eine besondere Bewertung durch die kleine Schnecke. Hier steht die additive Nutzung mehrerer Lichtobjekte im Vordergrund.

Aber nicht nur die hintereinander Reihung der Lichtobjekte, sondern ihre Verknüpfung mit inneren Bildern über die Geschichten setzt sich von anderen Autoren ab. Hierdurch entstehen bei gleichbleibenden Lichtquellen immer wieder neue Assoziationen.

Verstärkt wird dies durch den Aufbau des Raumes. Luna schätzt den variablen Raum, der mit kleinen mobilen Lichtelementen immer wieder anders und überraschend gestaltet werden kann. So tauchen die Kinder immer wieder in eine neue Welt ein.

Die Anwendung des Reims unterstützt nicht nur die phonologische Bewusstheit der Kinder, sondern gibt den vielen neuen Welten, in die sie eintauchen dürfen, einen besonderen Rahmen. Der Reim erweitert damit auch das multisensorische Angebot, aus dem das Snoezelen schöpft.

Theoretische Fragen

1. Welche Bedeutung hat das Wort „Snoezelen"?

Das Wort „Snoezelen" ist ein Kunstwort. Es setzt sich aus den beiden niederländischen Wörtern >snuffelen< und >doezelen< zusammen. Der Begriff Snuffelen kann mit dem deutschen Wort des Schnüffelns oder Schnupperns verglichen werden und stellt somit einen aktiven Part dar. Doezelen kann von dem deutschen Duseln oder Träumen abgeleitet werden und ist in der Ebene des Entspannens und Loslassens, sprich einem mehr passiven Teil, verortet (vgl. Hulsegge & Verheul, 1996).

Mertens fasst die Kombination der beiden Begriffe wie folgt auf: „Snoezelen erzeugt Wohlbefinden und wirkt entspannend, es bringt den Menschen zur Ruhe, aber es aktiviert auch, es weckt das Interesse [...] es macht ganz einfach Freude" (2018, S. 27). Entspannung als auch Aktivierung geschehen im Snoezelen durch den gezielten Einsatz von multisensorischen Reizen. Hulsegge und Verheul (1996, S. 6) ist es hierbei wichtig, dass „die Sinne so dosiert wie möglich und möglichst einzeln" angesprochen werden.

Dieser Gedanke ist dem ursprünglichen Adressatenkreis geschuldet, erhält aber gerade in der Arbeit mit Kindern, einer von vielen Reizen geprägten Umwelt, eine ungewollte Aktualität. Doch kommen wir wieder zu den Sinneseindrücken zurück. Das Sehen, Hören, Fühlen und Schwanken wird über verschiedenste Stimuli angesprochen. Diese Ansprache bleibt nicht unbeantwortet im Raum stehen. Der Körper reagiert. „Das Reagieren auf Reize ist ein wesentlicher Aspekt der Wahrnehmungsentwicklung" (Brand et al., 1988, S. 56). D.h. der Körper nimmt einen Reiz auf, leitet ihn weiter, verarbeitet

ihn, indem er ihn analysiert, vergleicht sowie speichert und reagiert anschließend mit einer Bewegung oder einer Empfindung. Die Bewegung spiegelt sich in der Aktivierung, d.h. dem sich interessierten Zuwenden wider. Die positive Empfindung im Loslassen und Entspannen.

2. Wer ist der Adressat des Snoezelen?

Jan Hulsegge und Ad Verheul formten in den 1980er Jahren den Begriff des Snoezelen und kreierten damit eine Freizeitaktivität für schwer mehrfach behinderte Kinder und Jugendliche. Der Gedanke, durch gezielte Sinnesanregungen eine Veränderung des Verhaltens und Erlebens von Menschen zu erzielen, wurde aber bereits 1966 erstmals aufgegriffen und erforscht. Die zwei amerikanischen Psychologen Cleland und Clark gingen dieser Frage in der Untersuchung mit entwicklungsverzögerten, hyperaktiven und autistischen Menschen nach (vgl. Mertens, 2018, S. 9). War es bei Cleland und Clark die sogenannte „Sensory Cafeteria" (1966, Nr.71, S. 223), so gestalteten Hulsegge und Verheul zuerst das „Aktivitätenzelt" (1996), aus dem mittlerweile ein Snoezelen-Zentrum auf 350 m^2 geworden ist.

So wie sich die Keimzelle des Snoezelen in den Niederlanden entwickelt und vergrößert hat, so hat sich auch der Adressatenkreis deutlich erweitert. Neben Behinderteneinrichtungen findet man Räume zum Snoezelen in Kindertageseinrichtungen, Häusern der Frühförderung, therapeutischen Praxen, Reha Einrichtungen, Seniorenhäusern und Hospizstellen.

Daraus kann abgeleitet werden, dass sich Snoezelen an Menschen jeden Alters mit oder ohne Behinderung oder sonstigem Handicap richtet.

Luna Langsam lädt konkret die Altersgruppe der drei- bis achtjährigen Kinder zum Snoezelen ein. Die Gruppenstärke für die im Buch dargestellten Aktionen bezieht sich auf vier Kinder. Die Anzahl sollte auf nicht mehr als sechs Kinder erhöht werden. Denn bei einer Erhöhung müssten bei einzelnen Versen leichte Modifikationen in Form von Texterweiterungen durchgeführt oder Materialien wie Bildkarten und ähnliches in höherer Zahl bereitgehalten werden, was aber nicht schwerfallen sollte.

3. Ist Snoezelen eine Therapieform, eine pädagogische Intervention, eine Entspannungsmethode oder eine Art der Raumgestaltung?

Das Ziel „Snoezelen" (nicht des Snoezelen) soll die Entspannung sein. Eine Entspannung, die sich als Gegenspieler der Spannung sieht, welche sich aus mannigfaltigen Quellen entwickeln kann. Dabei soll Snoezelen mit seiner Raumatmosphäre der Ort sein, in dem man alles hinter sich lassen kann, um zur wirklichen Entspannung zu gelangen. Somit ist der Raum die Methode (vgl. Hulsegge & Verheul, 1996, S. 10).

Also kann an dieser Stelle bereits festgehalten werden, dass Snoezelen sowohl eine Art der Entspannungsmethode als auch eine Form der speziellen Raumgestaltung ist.

Wie ist es mit der Frage der Therapierichtung? Die Entwickler des Snoezelen geben hier eine klare Aussage. Snoezelen ist weder „eine neue Therapie noch ein auf bisher unbekannten wissenschaftlich Erkenntnissen beruhendes Förderprogramm" (Hulsegge & Verheul, 1996, S. 1). Sie begründen diesen Standpunkt damit, dass dem Snoezelen in seinem Ursprung

eine grundlegende Theorie, zum Beispiel eine wahrnehmungspsychologische Annahme, fehlt und dies mit vollem Bewusstsein. Denn der Gedanke des Snoezelen ist im Wunsch festzumachen, Menschen die Möglichkeit des selbstständigen Erforschens ihrer Umwelt und damit auch der eigenen Körperlichkeit und individuellen Emotionalität an die Hand zu geben.

Es ist mehr die Frage, >Was kann ich für den Menschen tun, damit er...?<, als das Suchen nach Antworten auf Überlegungen wie, >Warum reagiert der eine Mensch auf einen visuellen Reiz anders als andere?<.

Bleibt noch die Frage der pädagogischen Intervention. In der Historie der Behindertenarbeit, aus der das Snoezelen resultiert, ist die Entwicklung der pädagogischen und psychologischen Berufe eng verflochten. Sie gaben mit den Ausschlag für damals neue Sichtweisen, wie beispielsweise der Gedanke der „Erziehungsfähigkeit" des schwer geistig Behinderten, aus dem heraus die Suche „nach Aktivitäten, die Behinderten in ihrer Situation und im Umgang mit ihr einen sinnvollen Beitrag zur (eigenen) Lebensgestaltung liefern konnten" (Hulsegge & Verheul, 1996, S. 23). Somit ist das Snoezelen der pädagogischen Maßnahme historisch sehr nah.

Soweit die Geschichte. Im Hier und Jetzt findet man den Gedanken des Snoezelen sowohl in der Therapie als auch in der Pädagogik. In ergotherapeutischen Praxen fungiert Snoezelen innerhalb der sensorischen Integrationstherapie, in der logopädischen Therapie wird es gerne im Bereich der Sprachanbahnung genutzt und in der Spieltherapie als Entspannungsmoment nach einer Arbeitsphase. Man erkennt, dass sich der Sektor der Therapie sehr wohl des Snoezelen bedient, aber immer als ein unterstützendes Mittel. Somit bleibt der historische Grundstein >Snoezelen versteht sich nicht als eine neue Form der Therapie< unberührt.

Gilt es noch einmal den Blick auf die pädagogische Intervention zu legen. Wie bereits geschildert, hat sich der Adressatenkreis in den letzten vierzig Jahren deutlich erweitert. Auch in pädagogisch orientierten Einrichtungen, wie Kindertageseinrichtungen, Kinder- und Jugendzentren, aber auch Einrichtungen der stationären Kinder- und Jugendhilfe wächst das Interesse an Räumen zum Snoezelen stetig. Meist steckt hier der Gedanke des >zur Ruhe kommen< eine übergeordnete Rolle.

In einer Gesellschaft, die von einem raschen Informationsaustausch und einer überaus großen Vielfalt an Lebensmodellen gekennzeichnet ist, ist dieser Gedanke ein wichtiger in Bezug auf sinnvolle Ruhepausen zur Orientierung und gegebenenfalls Neuausrichtung der eigenen Lebensplanung.

Dies klingt mit Blick auf den Personenkreis der Kinder im Vorschulalter auf den ersten Blick zu weit gegriffen. Bei genauerem Hinschauen erkennt man jedoch die Wirkung von positiven Automatismen, wie wir sie auch aus Entspannungsmethoden wie der progressiven Muskelrelaxation und dem autogenen Training für Kinder kennen, die schon im frühen Kindesalter erlebt und verinnerlicht werden können.

Im Sinne des Grundgedankens des Snoezelen „niets moet, alles mag" (Hulsegge & Verheul, 1996, S. 11) hat das Kind die Freiheit Snoezelen für sich als Art der Entschleunigung anzunehmen oder es für sich abzulehnen.

Luna Langsam lädt an dieser Stelle sowohl dazu ein, für einen selbst gewählten Zeitraum zur inneren Ruhe zu gelangen, als auch in dieser Ruhephase sich selbst näher kennenzulernen.

Praktische Antworten

1. Die Schnecke Luna Langsam als Symbol der Entschleunigung.

Das allseits bekannte Schneckentempo spielt bei der Auswahl der Protagonistin eine führende Rolle. Die Langsamkeit als Gegenpol zur Schnelligkeit und die damit verbundene Ruhe, die über die gleichmäßige, wellenförmige Bewegung der Schnecke im Vorwärtsgang ausgestrahlt wird, macht sie zu einem passenden Symbol der Entschleunigung.

Diese beschriebene Ruhe ist merklich hörbar. Nicht nur ihre bedächtigen Bewegungen machen sie zu einem beliebten Beobachtungsobjekt, auch ihre Fähigkeit, sich aus dem mitgetragenen Schneckenhaus langsam zu entfalten und die Fühler aus dem scheinbaren Nichts auszufahren, hat in der Kombination mit dem genannten Tempo eine Anziehungskraft, die zum Verweilen am Ort des Geschehens einlädt.

Besagtes Schneckenhaus fasziniert mit seinen Mustern, Farben und der ganz eigenen Art des Aufbaus. Die fließenden, ruhigen Bewegungen, gekoppelt mit dem einzigartigen Äußeren macht die Schnecke für das Kind zu einem friedfertigen Sympathieträger und somit zu einem exzellenten Botschafter von Snoezelen-Inhalten.

2. Wie mit Luna Langsam das Snoezelen strukturiert werden kann

Es wurde eingangs bereits auf die Rolle der kleinen Schnecke Luna Langsam eingegangen. Sie ist sowohl Symbol der Entschleunigung als auch roter Faden im Verlauf des hier beschriebenen Snoezelen mit seinen ganz eigenen Anregungen. Gemäß ihrer Rolle in den verschiedenen Angeboten gibt sie dem Gedanken Snoezelen eine ganz eigene Struktur.

a. Snoezelen met sprokje

In Anlehnung an Hulsegge und Verheul (1996) wird die hier verwandte Aufgliederung ins Niederländische transformiert. Hinter dem Begriff sprokje verbirgt sich das Märchen. Alle unter diesem Gliederungspunkt aufgeführten Angebote sind Geschichten, die die kleine Schnecke Luna Langsam durchlebt und in denen Lichtobjekte immer wieder neue Verknüpfungen und unterschiedliche Empfindungen hervorrufen. Snoezelen met sprokje sind Angebote, in denen das Kind mehr passiv konsumiert, in Abgrenzung zum Snoezelen zonder, wo Bewegung immer wieder Ruhephasen unterbricht.

b. Snoezelen zonder

Ohne Geschichte, aber nicht unweigerlich ohne gesprochenes Wort oder Musik, ist die Abgrenzung zum Snoezelen met sprokje. Das gesprochene Wort führt hier nicht in eine Fantasiewelt, sondern wirkt wie eine Anweisung für Handlungen. Neben der

Verbalisierung kommt in diesem Gliederungsbereich auch die Musik zum Tragen, oder auch die Stille.

3. Dem Raum bei der Gestaltung Raum geben

a. Die Grundfarben des Raumes

Da es darum geht, farbigem Licht eine Projektionsfläche zu geben, ist weiß die geeignetste Farbe, was auch für Materialschränke, Hocker, Sitzteppiche, Kissen und Decken gilt. Ein weißer Raum wirkt im Tageslicht kühl, doch wird er in warmes Weißlicht oder farbiges Licht getaucht, so verliert sich direkt dieses Gefühl. In der Regel sind die Böden eines Raumes in anderen Farben als Weiß gehalten. Je nach Lichtobjekt bietet es sich in diesem Fall an, die Lichtobjekte auf weiße, unterschiedlich hohe Hocker oder weiße Bodentücher zu stellen.

b. Die Art der Lichtobjekte

Schaut man sich die verschiedenen Lichtobjekte an, die zur Gestaltung eines Snoezelen-Raums angeboten werden und betrachtet dann die Ausgestaltung einer Geschichte, oder eines Snoezelen-Tages, so bietet es sich an, die Lichter nach der räumlichen Ausbreitung des erzeugten Lichtes zu unterteilen. Einen solchen Kategorisierungsversuch finden Sie hier:
- Decken- und Wand-Fluter: Sie werden auf dem Boden positioniert und verteilen ihr Licht zeitgleich auf Wand und Decke, im 360-Grad-Winkel und kleiner. Hierzu zählt die Discokugel, das Blitzlicht und die verschieden gearteten Projektoren. Mittlerweile bietet ein Objekt mehrere Farb- und

Gestaltvariationen an, sei es der Sternenhimmel, die Schneeflocke, oder die Ozeanwelle.

- Deckenfluter: Hier wird ausschließlich die Zimmerdeck mit Licht geflutet, oft zentriert an einem Ort.
- Punktlichter: Hiermit sind all die Lichter gemeint, die ihr Licht nicht über eine längere Strecke im Raum auf Gegenstände, Wände, oder Decke geben, sondern in ihrem begrenzten Feld leuchten. Dazu zählen alle Kugellichter, ob mit Weißlicht oder mit Farbwechsel, Lichtschläuche mit Farblicht und geringer Leuchtkraft, Glasfaserlampen, Wassersäulen und andere Speziallichter, wie die Gewitterkugel.

c. Die Vielfalt nicht visueller Reize

Da Luna Langsam den Snoezelen-Raum nicht als starres Objekt, sondern als ständig wechselnden Erlebnisraum interpretiert, bietet sie taktile, vestibuläre und olfaktorische Stimuli in Form von kleinen, zeitlich begrenzten Einheiten für den Einzelnen in der Gruppe an. Diese sind in Kapitel 6 >Snoezelen zonder< anzutreffen.

d. Die Position der Sitzgelegenheiten

Das Material und die Umgebung soll einladend und anregend sein (Hulsegge & Verheul, 1997, S. 10). Daraus kann abgeleitet werden, dass das Wechselspiel zwischen Ritual und Veränderung, so wie es Luna Langsam zelebriert, empfehlenswert ist. Das Ritual spiegelt sich im Betreten und Verlassen des Raumes, als auch in der gemeinsamen Eröffnung, so wie es in

Punkt 6 dargestellt ist, wider. Die Veränderung findet durch den Gebrauch der immer verschiedenen Lichtobjekte, dem Wechsel zwischen Snoezelen mit sprokje und Snoezelen zonder und den im Folgenden beschriebenen Möglichkeiten der Sitzposition statt:

- Die Sonne, bei der sich die Lichtobjekte in der Mitte des Raumes befinden und sich die Sitzteppiche der Kinder wie Sonnenstrahlen um diesen Mittelpunkt anordnen. Diese Anordnung bietet sich gerade für das Snoezelen mit sprokje an.
- Das Karussell, bei dem sich die Lichtobjekte im Kreis am Rande des Raumes befinden und die Kinder von Lichtobjekt zu Lichtobjekt „wandern". Hierbei kann das Karussell wie ein Rad aufgebaut sein, in dem die Sitzteppiche der Kinder wie Speichen in die Mitte zeigen, oder wie ein großer Kreis, bei dem ein Lichtschlauch die Sitzgelegenheiten ersetzt.

- Der Halbmond, bei dem im Gegensatz zur Sonne alle Kinder eine verhältnismäßig gleiche Perspektive haben, da die Lichtobjekte wie eine Insel vor den Kindern aufgebaut sind und die Sitzteppiche im Bogen nebeneinander ausgerichtet sind.

e. Die Schuhablage

Nicht nur aus hygienischen Gründen ist es ratsam, den Raum des Snoezelen ohne Schuhe zu betreten, weshalb vor dem Raum oder direkt neben der Türe im Raum eine Schuhablage eingerichtet werden sollte.

4. Der Mensch als Unterstützer der kleinen Schnecke

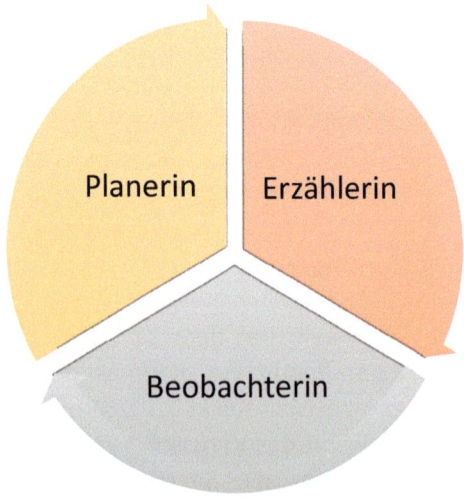

a. Der Planer / die Planerin

Luna Langsam gibt den Anreiz, den Snoezelen-Raum immer wieder neu zu gestalten. Dadurch wird der Erwachsene zum Planer / zur Planerin des Raumes, aber auch des Snoezelen als Teil des Alltags in der Tageseinrichtung für Kinder oder dem offenen Ganztag.

b. Der Erzähler / Die Erzählerin

Vor allem im Bereich des Snoezelen met sprokje ist die Aufgabe des Erwachsenen die Erzählung. Die Geschichte gibt dem einzelnen Licht das Stichwort und legt ihre Reihenfolge fest. Hulsegge und Verheul (1996)

betonen zwar, dass die Motivation für das Snoezelen nicht vom Erwachsenen, sondern von den Dingen im Raum ausgehen, doch gerade als Erzähler / Erzählerin muss das Kind die Begeisterung des Erwachsenen für das Snoezelen und die damit verbundene Geschichte spüren. Dies ist insofern für Kinder und Erwachsene hilfreich, als dass es den Erzähler / die Erzählerin dahingehend motiviert, die Geschichten frei zu erzählen. Denn das zeitgleiche Hantieren mit Lichtobjekten und dem Papier, auf dem die Geschichte geschrieben steht, ist im gedämmten Licht eine große Herausforderung.

c. Der Beobachter / Die Beobachterin

Der Erwachsene hat zu jeder Zeit die Kinder im Blick, um spontane Handlungen des Einzelnen zu kanalisieren und für die Kleingruppe in ein gemeinsames Erlebnis umzuwandeln. Hierbei muss der Erwachsene die eigenen Vorstellungen als Planer / Planerin flexibel umkehren können, um das Snoezelen-Erlebnis im Sinne des Einzelnen zu intensivieren. Als Beispiel soll hier die Geschichte „Unter Wasser" dienen. In ihr kommen Luna unter Wasser „nudelartige" Fische (Glasfaserlampen) entgegen. Die schwingenden Glasfaserbündel animieren Kinder zum >Anpusten< und >Durchstreifen<, der Erwachsene kann die >Nudelfische< aber auch in die Hand nehmen und sie über die Hand jedes Kindes schwimmen lassen, wenn das Berührungsbedürfnis zu erkennen ist.

Snoezelen met Sprokje

Geschichten
zur
Entschleunigung

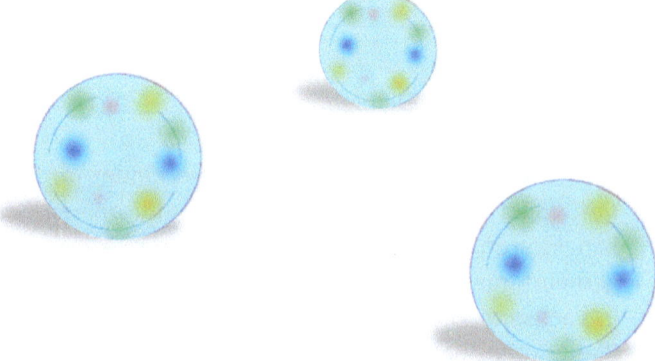

5. Snoezelen met Sprokje

 Geschichten mit Luna Langsam

Vorbemerkung: Es bietet sich an, im vorbereiteten Raum den Rand auf dem Boden mit einem Lichtschlauch mit warmen Weißlicht zu bestücken, sodass der Raum beim Betreten angenehm beleuchtet ist.

Zur Ansteuerung aller Lichter ist es günstig auf funkgesteuerte Steckdosen zurückzugreifen, damit die Lichtelemente der Geschichten bequem per Fernbedienung aufleuchten und verlöschen können. Funkgesteuerte Steckdosen können im Set angeschafft und in die im Raum vorhandenen Steckdosen eingesteckt und dann ferngesteuert werden.

Bei längeren Geschichten kann es sich positiv auswirken, wenn die Geschichte nach zwei oder drei farbigen Lichtobjekten mit dem warmen Weißlicht unterbrochen wird und durch eine kurze Bewegungssituation aufgelockert wird.

Neben der angedachten Sitzordnung und den notwendigen Lichtobjekten finden Sie somit vor jeder Geschichte auch eine Anregung zur Unterbrechung, wenn diese durch die Länge der Geschichte notwendig scheint.

Im Laufe der Geschichte wird im Text jeweils angeben, wann ein Lichtobjekt eingesetzt wird und welches. Dieses ist im Text unterstrichen. Auf diesen unterstrichenen Hinweis folgt im Text automatisch der Lesetext, also die eigentliche Geschichte, die Luna Langsam erlebt.

Es bietet sich an, diese vor der Snoezelen-Einheit einmal durchzulesen und dann im Snoezelen frei zu erzählen. Dadurch entwickelt sich für den Erwachsenen die Möglichkeit, freier zu agieren und spontan auf die snoezelenden Kinder zu reagieren.

Gleichzeitig entsteht auch mehr Freiraum für die Betätigung der Lichtobjekte.

Snoezelen met sprokje – *Geschichten zur Entschleunigung*

a. Unter Wasser
Sitzordnung Sonne

Material: Wassersäule; Blitzer; Lichtfächer; Discokugel; Lichtschlauch; ein blaues und ein weißes Stofftuch.

Anregung zur Unterbrechung: Da Johannes der Pottwal immer wieder auftauchen muss, um Luft zu holen, stehen die Kinder zwei bis dreimal in der Geschichte auf ihrem Teppich auf und holen bewusst tief Luft und gehen dann wieder in die Geschichte, um mit Johannes und Luna abzutauchen.

<u>Lichtobjekt 1 - Allein Wassersäule:</u> Luna ist bis ans Meer gekrochen. Sie sitzt am Ende eines langen Bootsstegs und träumt davon, ins Wasser zu springen, zu tauchen, zu schwimmen und sich auf der Wasseroberfläche treiben zu lassen. Da taucht direkt vor ihren Fühlern ein Tier auf, das Luna bisher unbekannt ist. Es begrüßt sie freundlich und stellt sich ihr vor: „Ich bin Johannes der Pottwal, und wer bist du?" Luna antwortet nicht, denn sie ist ganz fasziniert von der Größe des Wals.
„Du siehst ein wenig traurig aus! Kann ich dir vielleicht helfen?", unterbricht Johannes die Stille. Luna erzählt ihm von ihrem Traum. „Nichts einfacher als das, komm in mein Blasloch gekrochen, da sitzt du sicher und hast den besten Ausblick. Ich tauche vorsichtig und wenn du Luft brauchst, zwickst du mich und ich tauche wieder auf." Lunas Herz hüpft vor Freude, sie macht es sich in Johannes Blasloch gemütlich. Gemeinsam mit dem Pottwal verschwindet unsere kleine Schnecke unter der Wasseroberfläche.

<u>Lichtobjekt 2 - Allein Blitzer langsam:</u> Hier unter der Wasseroberfläche sieht das Sonnenlicht ganz anders aus. Es ist

fast so, als könnte man jeden einzelnen Strahl anfassen. Kleine Sonnenblitze zucken durch das tiefe Blau. Luna ist begeistert. In ihrem Blasloch fühlt sie sich sicher und wohl und kann das Abendteuer richtig genießen. Es geht immer tiefer und tiefer, es wird dunkler und die Sonnenblitze hören auf.

Lichtobjekt 3 - Allein Lichtfächer: Seltsame Geschöpfe kommen auf Luna zu. „Das sind doch keine Fische, oder?", denkt sich die kleine Schnecke. Wie lange beleuchtete Nudeln sehen sie aus. Johannes merkt Lunas Verwunderung. „Wir sind in der Tiefsee. Die Tiere hier sehen ganz anders aus als die Fische, die du vielleicht von Bildern kennst. Ich tauche jetzt kurz auf, wir brauchen neue Luft."

Lichtobjekt 4 - Allein Lichtschlauch: Sie verlassen die Tiefe, die Dunkelheit verschwindet langsam wieder, helles Blau ist zu erkennen. Luna lässt sich tragen und genießt das Wasser, das an ihr vorbeiströmt, es streift ihre Haut ganz sacht, ihr Schneckenhaus glänzt wie frisch poliert. Kleine Salzkristalle liegen auf ihren Fühlern. „Das ist das Meer, wunderbar!", denkt die Schnecke laut. „Und das Meer ist mein Zuhause", ergänzt Johannes ruhig.

Lichtobjekt 5 - Allein Discokugel: „Komm, ich zeig dir einen ganz anderen Teil meiner Heimat!" Johannes trägt Luna sicher auf seinem Kopf. Das Wasser wird merklich wärmer und das Blau wird bunt. Viele kleine Fische tanzen um Luna und ihren Freund. Sie haben die verschiedensten Farben. Luna sieht rote Feuerfische, grüne Fahnenbarsche, orangene Clownsfische und blaue Heringe. Ein herrliches Spektakel. Johannes schwimmt immer wieder durch die verschiedenen Fischschwärme hindurch. Schon einen Meter vor seinem Kopf teilen sich die Schwärme und lassen den Koloss hindurchgleiten. Direkt hinter ihm schließt sich die Gasse wieder.

<u>Lichtobjekt 1 - Allein Wassersäule</u>: Johannes taucht wieder auf und setzt die kleine Schnecke unbeschadet auf dem Bootssteg ab. „Johannes, das war wunderbar. Du bist wunderbar. Darf ich dich meinen Freund nennen?" „Aber gerne doch, kleine Freundin. Und wenn du mal wieder Lust auf einen Tauchgang hast, dann komm einfach zum Steg. Ich schaue täglich hier vorbei. Die Menschen freuen sich immer so, wenn sie mich sehen." „Das Angebot nehmen ich gerne mal an, aber jetzt mache ich mich wieder auf den Weg zu meinem Zuhause. Das, was ich heute mit dir gesehen habe, muss ich den anderen erzählen. Tschüss Johannes." „Tschüss Luna."

b. Gewitter
Sitzordnung Sonne

Material: Lichtschlauch weiß; blaues Chiffontuch; Blitzer; Blitzkugel; Discodoppelkugel.

Anregung zur Unterbrechung: Da es sich um eine Wettergeschichte handelt, können sich die Kinder in der Unterbrechung aufstellen und ihren imaginären Regenschirm aufspannen, in drei erdachte Pfützen springen, dann den Regenschirm schließen und sich wieder setzen.

Lichtobjekt 1 - Allein Lichtschlauch: Luna sitzt in ihrem liebsten Gemüsegarten. Die Sonne scheint hell und klar. Keine einzige Wolke ist am Himmel zu sehen. Der Salat schmeckt ihr sehr gut. Herr Müller baut ihn jedes Jahr extra für Luna an. Zumindest meint sie das. Ein laues Lüftchen weht über den Gemüsegarten. Es streichelt Lunas Fühler und kühlt ein wenig das Schneckenhaus, das sich von der Sonne schon richtig aufgewärmt hat.

Lichtobjekt 2 - Chiffontuch: Während Luna gemütlich den Salat von Herrn Müller vertilgt, wird es am Himmel plötzlich dunkel. Zuerst merkt die kleine Schnecke die Veränderung am Firmament nicht. Erst als aus dem lauen Lüftchen ein kühler Luftzug wird, schaut Luna hoch.

Lichtobjekt 3 - Allein Blitzer: Genau in diesem Moment zuckt ein Blitz durch die dunklen Wolken. Ein leichtes Grummeln ist zu hören. Die Blitze werden immer mehr, doch das kräftige Donnern bleibt aus. Luna zieht zur Sicherheit ihren Körper ins Schneckenhaus. Um sie herum ruckt und zuckt es. Ganz oben am Himmel, an der dunkelsten Stelle, entsteht etwas Seltsames.

Lichtobjekt 4 - Allein Blitzkugel: Die Blitze kommen gar nicht mehr bis zum Boden. Sie schießen hoch hinaus. Es sieht aus, als wenn sie ein kleines Tänzchen machen würden, einen Ringelreihen. Luna streckt ihren Hals aus dem Schneckenhaus heraus. So etwas Interessantes hat das kleine Schneckentier noch nicht gesehen. Nach einigen Minuten ist das Schauspiel beendet.

Lichtobjekt 5 - Allein Discokugel: Ein Naturschauspiel jagt das Nächste. Das Blitzballett hat sich vom dunklen Himmel verabschiedet. Ein leichter Nieselregen setzt ein und die Sonne scheint wieder. Und siehe da, ein bunter Regenbogen erfüllt die dunkle Wolkenfront. Luna kommt aus dem Staunen nicht heraus. „Mensch Meier, oder wie wir Kriechtiere sagen, Schnecken Schulze, das ist ein herrliches Bild, diese wunderbaren Farben, als wenn ein Farbkasten am Himmel ausgeschüttet worden wäre.

Lichtobjekt 1 - Allein weißer Lichtschlauch: Die dunklen Wolken verziehen sich und auch das bunte Farbenspiel am Himmel wird immer blasser. Und obwohl das satte Rot, das herrliche Blau, das liebliche Violett und das warme Gelb nicht mehr zu sehen ist, schaut Luna noch lange zum Himmel hinauf.

c. Auf der Blumenwiese
Sitzordnung Sonne

Material: Wassersäule; Lichtschlauch weiß; grünes Chiffontuch; Deckenfluter; Discokugel; farbwechselnde Lichtkugeln klein; evtl. >Tonpapierblätter mit Duftöl< oder Zitronenminze aus dem Kräutergarten.

Anregung zur Unterbrechung: Da es so wunderbar nach Gras und Frühling auf der Wiese riecht, können die Kinder zwei bis drei Mal von ihrem Teppich aufstehen, ihr >Frühlingsblatt< aus der Tasche holen und vor dem Gesicht wedeln.

<u>Lichtobjekt 1 - Allein Lichtschlauch mit Tuch bedeckt</u>: Es ist ein wunderschöner Tag im Mai. Luna ist auf dem Weg zur Wiese, die dem Bauer Ferdinand gehört. Der hat gerade die Wiesenränder gemäht. Es duftet herrlich nach frischem Gras. Die Wiese steht in einem leuchtenden, satten Grün. Diese Farbenpracht beruhigt alles, was darauf kreucht und fleucht. Auch unsere kleine Luna, die sich nun ihren Weg durch die vielen, riesengroßen Grashalme bahnt. Schließlich ist die Schnecke um vieles kleiner als wir Menschen.

<u>Lichtobjekt 2 - Farbwechselnde Lichtkugeln klein (Objekt 1 leuchtet weiter)</u>: Durch die schier unendliche Zahl von Halmen leuchten Luna bunte Kugeln, wie Leuchttürme entgegen. Am liebsten würde die kleine Schnecke wie ein Adler in die Lüfte aufsteigen und sich die vielen bunten Leuchtpunkte von oben ansehen. Da dies nicht geht, kriecht unsere winzige Freundin den dünnen Stängel des golden strahlenden Löwenzahns hinauf. Auf halber Strecke biegt sich unter dem Gewicht der Schnecke die wilde Blume, sodass Luna plötzlich die gelbe Blüte unter sich sieht. Dabei erkennt sie, was der Pflanze den Namen gibt. Die vielen sonnigen Blätter zippeln um einen

Blütenmittelpunkt, wie die Mähne eines Löwen und sein Gesicht. Vom Löwenzahn aus schleimt sich das Schneckentier auf ein Gänseblümchen, um direkt danach auf den lila-pinken Blüten der Brennnessel zu landen.

Lichtobjekt 3 - Allein Deckenfluter: Ups, was ist das? Plötzlich wird des dunkel um Luna herum. Es fühlt sich an, als wenn sie eine Rutschbahn hinuntergleitet. Über ihr sieht sie das Tageslicht. Etwas Weiches, Pelziges stoppt ihr Schliddern. Da es dunkel ist, kann Luna nicht erkennen, um was für eine Art von Bremsklotz es sich da handelt. Da bewegt sich das flauschige Etwas und beginnt sogar zu sprechen: „Hallo kleine Schnecke, was führt dich zu mir? Wolltest du einmal einen Maulwurfbau von Innen sehen?" Maulwurfbau?! Na klar, Luna war in Mathieus Haus gelandet. So heißt der Maulwurf, der die Blumenwiese immer wieder mit seinem kleinen, braunen Erdhügel verziert. „Oh, entschuldige Mathieu, ich habe beim Kriechen wohl nicht genug Acht gegeben und jetzt bin ich hier bei dir." „Du brauchst dich nicht entschuldigen, ich freue mich über jeden Besuch, aber ich denke, du möchtest lieber wieder hinauf auf die wunderbar leuchtende Blumenwiese?" „Ja, da hast du Recht, aber ich dachte ihr Maulwürfe könntet nicht so gut sehen?" „Da bist du richtig informiert, doch wir können die verschiedenen Blumen und Gräser am Geruch erkennen und ich sag dir, das ist ein Leuchten. Aber ich will dich nicht mit meinem Geschwätz langweilen, kriech auf meinen Rücken, ich bringe dich wieder hinauf, das geht schneller." Oben angekommen, bedankt sich Luna bei Mathieu und setzt ihre Reise fort.

Lichtobjekt 4 - Wassersäule weiß mit Blubbern (Objekt 1 und 2 leuchten ebenfalls wieder, nur Objekt 3 bleibt erloschen): Mitten durch die Wiese fließt ein kleiner Bach. Er ist gerade mal so breit, dass ein Menschenkind mit einem Hopp über ihn springen kann. Steine liegen im Bachbett. Sie machen, dass das

Wasser an einigen Stellen auf seinem Weg bachabwärts ein wenig sprudelt und Bläschen aufwirft. Wenn man sein Ohr direkt an den Bach legt, hört man ein feines Rauschen. Neben den großen und kleinen Steinen wachsen auch grüne Wasserpflanzen im Bach. Sie werden alle vom Wasser in eine Richtung gekämmt und ihre Spitzen tanzen zur Musik des Baches. Hier verweilt Luna immer einige Minuten. Besonders im Sommer gibt der Bach etwas an Kühle an seine Umgebung ab. Doch jetzt ist es Mai, da sind die Temperaturen noch nicht so, dass man ins Schwitzen gerät.

Lichtobjekt 5 - Allein Discokugel: Über den Bach kommt etwas geflogen. Etwas ist untertrieben, eine Gruppe von Schmetterlingen tanzt über dem Wasser. Zitronenfalter schlagen ihre leuchtend gelben Flügel, der Aurorafalter, der mit seinem orange-weißem Kleid ein wenig an einen Clownsfisch, einem kleinen Nemo erinnert, der Wiesenbläuling, der, wenn er gerade nicht im Flug ist, leicht mit einer Kornblume verwechselt werden kann und natürlich sind auch einige Tagpfauenaugen dabei. Ein wunderschöner bunter Anblick voller Leichtigkeit und Unbeschwertheit. Luna streckt ihre Fühler so weit hervor, wie es nur gerade geht, um das lautlose Spektakel aufzusaugen. So schnell wie die Schmetterlingswolke gekommen ist, genauso schnell ist sie auch wieder über die Schnecke hinweg geflogen und verschwunden.

Lichtobjekt 1 - Allein Lichtschlauch mit Tuch bedeckt: Luna wird langsam müde. So ein Ausflug kann für ein Kriechtier schön, aber auch anstrengend sein. Auf dem Rückweg von der Blumenwiese zu ihrem Schlafplatz macht sie noch kurz Halt in Herrn Müllers Gemüsegarten, um sich vor der Nachtruhe noch etwas zu stärken. Ach, war das ein wunderbares Erlebnis.

d. Das Lied vom Froschkönig
Sitzordnung Sonne

Material: Lichtschlauch mehrfarbig mit Blinkeffekt, oder Lichtschlauch weiß mit blauem Chiffontuch; kleines blaues Chiffontuch; Blitzer; farbwechselnde Lichtkugeln klein; Deckenfluter weiß; Wassersäule mit Farbwechsel; Taschenlampen; evtl. eine kleine Schale mit Wasser.

Anregung zur Unterbrechung: Da es am Froschteich immer mal wieder spritzt, können die Kinder zwei bis drei Mal von ihrem Teppich aufstehen, der Erzähler / die Erzählerin geht einmal mit der Wasserschale herum, jeder befeuchtet seine Finger und >kühlt< die eigene Stirn oder die Unterarme mit den Wassertropfen.

<u>Lichtobjekt 1 - Allein Lichtschlauch (wie oben beschrieben)</u>: Luna hat es sich in ihrem Schneckenhaus bequem gemacht. Sie versucht einzuschlafen, doch etwas stört sie. Ein Geräusch, langgezogen, dumpf und der Ton steigt zum Ende des Geräuschs. Luna verlässt ihr Schneckenhaus und blickt sich um und schnell wird ihr klar, wo das Geräusch herkommt. Und zwar vom Teich nebenan. Und was da so einen Radau macht, das kann nur ein Frosch sein. Luna macht sich auf den Weg, es ist nur ein kurzes Stück. Der Teich glitzert im Mondlicht im tiefen Blau und Grün, die kleinen Wellenkronen, die der laue Wind auf das Wasser bringt, schillern silbern. Auf dem Teich schwimmen einige Seerosenblätter, auf einem von ihnen erkennt Luna den Frosch, der gerade aus der Tiefe seiner Brust ein lautes Quaken kommen lässt. „Du, Frosch, warum quakst du so laut, tut dir etwas weh?", ruft die Schnecke dem nächtlichen Sänger zu, „jedenfalls klingt es so!" „Willst du mich und meinen Gesang verspotten?", dreht der Frosch Luna den Kopf zu. „Das ist mein lieblicher Abendgesang, jahrelang geübt." Luna sieht, dass ihr Gegenüber ein wenig verärgert

wirkt. „Nein, ich lache dich nicht aus, dein Gesang ist mir nur fremd und das Lied, das du da singst, das kenne ich nicht." Der Frosch wundert sich. „Du kennst nicht das Lied und die Geschichte vom Froschkönig?"

<u>Lichtobjekt 2 - Blitzer unter dem kleinen blauen Chiffontuch, Objekt 1 kann weiter leuchten:</u> „Der Froschkönig holte vor langer, langer Zeit die goldene Kugel vom Boden eines tiefen Brunnens und gab das blinkende Spielgerät seiner Besitzerin, einer Prinzessin wieder." „Einfach so?", fragt die kleine Schnecke. „Nein, nicht einfach so," bekommt sie zur Antwort. „Der Frosch wollte für seine Rettungstat zusammen mit der Prinzessin leben, mit von ihrem Teller essen und in ihrem Bett schlafen." „Das war doch wohl kein Problem für das Menschenkind!" „Und ob, sie lief einfach vom Brunnen weg und wartete nicht auf den Frosch, der langsam hinter ihr her hoppelte."

<u>Lichtobjekt 3 - Allein farbwechselnde Lichtkugeln klein in einer Reihe gestellt, Objekt 1 und 2 sind erloschen:</u> „Die Prinzessin setzte sich zu ihrer Familie an den langen, gedeckten Essenstisch mit den bunten Kerzen und dem wunderbaren warmen Lichterschein. Da klopfte es an der Türe." „Das war doch bestimmt der Frosch", unterbricht Luna den grünen Hüpfer. „Da hast du Recht kleine Schnecke, doch die Prinzessin wollte ihn nicht ein lassen", erzählt der Quäker weiter. „Ihr Vater, der König, wunderte sich und stellte seine Tochter zur Rede. Sie erzählte ihm die Rettungstat des Frosches und auch das Versprechen, das sie gegeben hatte. Als ihr Vater dies hörte, befahl er seiner Tochter, ihr Wort gegenüber dem Frosch einzulösen." „Und, hat sie sich daran gehalten?", fragte die kunterbunte Schnecke. „Wohl oder übel", war die Antwort des Frosches. „Angeekelt ließ sie den Kugelretter von ihrem Teller essen und trug ihn dann mit in ihr Zimmer. Dort setzte

sie ihn auf die Spiegelkommode, machte sich fertig, um zu Bett zu gehen und löschte das Licht."

Lichtobjekt 4 - Allein Deckenfluter: „Durch das Fenster schien der Sternenhimmel ins Zimmer und erleuchtete es. Die Prinzessin lag starr wie ein Brett in ihrem Bett. Bloß nicht bewegen, dachte sie sich und war mucksmäuschenstill. Den Frosch aber hörte man quaken." „Und was sagte er?", ist Lunas Frage. „Er wollte neben der Prinzessin im Bett schlafen und hüpfte von der Kommode herunter auf den Boden. Man hörte, wie er zur Bettkante hüpfte und hinaufgehoben werden wollte." „Lass mich raten lieber Frosch!", sagt unsere kleine vorwitzige Freundin. „Die Prinzessin hat den Frosch auf dem Boden sitzen lassen." „Nicht ganz, sie nahm ihn auf und schleuderte ihn an die Wand." „Wie bitte?", empörte sich Luna, „habe ich richtig gehört?"

Lichtobjekt 5 - Allein zwei Taschenlampen: „Ja, du hast richtig gehört. Sie warf ihn an die Wand. War aber so von sich selbst erschrocken, dass sie den Frosch mit ihren Augen im dämmrigen Zimmerlicht suchte. Sie schaute zu Boden, unter das Bett und merkte gar nicht, dass ein junger Mann genau vor dieser Wand stand, gegen die sie den Frosch geschmettert hatte. Da sprach der Mann zu ihr: >Liebe Prinzessin, ihr sucht den Falschen. Den Frosch gibt es nicht mehr. Durch euer Handeln habt ihr den Zauber durchbrochen. Ich, der Prinz, war von einer Hexe in einen Frosch verwandelt worden, aber jetzt bin ich endlich erlöst, dank euch<." „Da war die Prinzessin bestimmt sprachlos?", wollte Luna wissen. „Und wie, sie brauchte einige Zeit, um die ersten Worte zu finden."

Lichtobjekt 6 - Allein die Wassersäule mit Farbwechsler: „Und was passierte dann?" „Die beiden wurden ein Paar und heirateten. Jedes Jahr setzten sie sich gemeinsam an dem Tag, an dem der verwunschene Prinz als Frosch die goldene Kugel aus dem Brunnen geholt hatte, an das tiefe Wasser und schauten, wie sich das Licht der Sonne im Wasser brach und die verschiedenen Steinschichten in den verschiedensten Farben leuchten ließ." „Das ist aber ein schönes Lied, das darfst du gerne jeden Abend singen. Aber jetzt bin ich wirklich müde." Luna verkroch sich noch an Ort und Stelle in ihr Schneckenhaus und nach wenigen Minuten hörte der Frosch ein leises Schnarchen aus dem Häuschen und er setzte zum nächsten Lied an.

e. Fritzi, die kleine Flamme

Sitzordnung Sonne

Material: Lichtschlauch warm weißes Licht; Lichtkette mit flackernden Leuchtstoffmitteln; große Kerzen; Teelichter; Blitzer; Laserpointer; Wunderkerzen; zwei Feuerzeuge; Feuerholz; wenn vorhanden Feuerkorb; kurze Holzstäbe mit orangenen und roten Kreppbändern.

Anregung zur Unterbrechung: In der Unterbrechung stehen die Kinder von ihrem Teppich auf und lassen mit ihren Kreppbändern die Flammen tanzen.

Lichtobjekt 1 - Lichtschlauch warmweiß: Luna Langsam ist wieder einmal in Ferdinands Gemüsegarten unterwegs. Auch der schneckenfreundliche Bauer ist im Garten. Doch diesmal nicht mit Spaten und Harke und auch seine grünen Gummistiefel trägt er nicht. Dafür trägt er Holzbänke hin und her, schleppt Holz, einen großen rostigen Korb und Getränkekästen. Luna wundert sich. Es ist schon bald Abend und da sitzt Ferdinand eigentlich immer in seiner Bauernstube und isst mit seiner Frau selbstgebackenes Brot und selbstgemachte Butter. Wenn bei Ferdinand im Haus gebacken wird, duftet es bis zum Gemüsegarten hin. So auch heute. Die Sonne ist untergegangen.

Lichtobjekt 2 - Allein eine Lichterkette mit flackernden Leuchtstoffmitteln und Holzscheite: Doch in der Mitte des Gartens scheint sie gerade wieder aufzugehen. Um dicke Holzstücke herum flackern viele kleine Sonnen und erleuchten die Beete. Das Holz knistert und knackt. Die kleinen Lichter tanzen hin und her. Mal sind sie klein, mal ganz groß und recken sich in die Höhe. Das Holz verfärbt sich. War es gerade noch hellbraun, wird es jetzt schwarz und auch langsam immer kleiner. Roch es gerade noch frisch im Gemüsegarten, so sticht nun ein seltsamer Geruch in der Nase. Da landet eine dieser kleinen Sonnen direkt neben Luna und lässt sich auf einem kleinen trockenen Ast nieder.

<u>Lichtobjekt 3 - Vor jedem Kind steht ein leuchtendes Teelicht, das „Lagerfeuerlicht" erlischt</u>: „Hallo, was bist du denn für jemand?", hörte Luna etwas vom Stock fragen. Wie ein Reflex antwortet sie: „Ich bin Luna Langsam, die kleine Schnecke. Wer bist du und wo hast du dich versteckt?" „Ich habe mich nicht versteckt!", ist die Antwort. „Ich bin Fritzi die Flamme und hocke direkt neben dir." „Ach, du bist eine der kleinen Sonnen!" „Sonnen? Nein, ich bin ein Feuer. Kennst du etwa kein Feuer?" Luna bleibt still. „Oh, entschuldige, ich wollte dich nicht kränken." „Weißt du was, ich erzähle dir ein wenig von mir und meiner Familie."

<u>Lichtobjekt 4 - Der Blitzer neben den Teelichtern</u>: „Wenn sich am Himmel ein Gewitter zusammenzieht, die Wolken schwarz werden und es zu donnern und blitzen beginnt, dann kann ein solcher Blitz in einen Baum treffen. Der Baum ist aus Holz, genau der richtige Stoff für ein Feuer, denn das kann aus der Kraft des Blitzes, seinen Funken und dem trockenen Holz entstehen.

<u>Lichtobjekt 5 - Neben den Teelichtern wird eine oder mehrere Wunderkerzen in der Mitte entzündet</u>: Die Menschen haben das Feuer schon früh für sich entdeckt. Ob es ein Zufall war oder etwas anderes weiß ich nicht. Jedenfalls nahmen manche von ihnen ganz bestimmte Steine und schlugen sie aneinander. Auch dabei sprühten kleine Funken, die auf trockenem Gras landeten und hier ein kleines Minifeuer entfachten, das mit trockenem Holz gefüttert wurde.
<u>Lichtobjekt 6 - Laserpointer tanzt neben den Teelichtern über die Wände, den Boden und die Decke</u>: Andere nahmen ein

hartes, unten spitzes Holzstück, stellten es auf ein weiches Stück Holz und drehten das harte Teil ganz schnell zwischen ihren Händen oder mit einem kleinen Seil, solange bis die Spitze begann, rot zu werden, zu glühen und auch leicht zu dampfen. Dann legten sie ein trockenes Grasbüschel darauf und pusteten, bis das Büschel zu brennen begann.

Lichtobjekt 7 - Zwei Feuerzeuge neben den Teelichtern: Irgendwie schafften die Menschen es, einen kleinen Apparat zu bauen, in den sie einen kleinen Feuerstein setzten und eine ganz besondere Luft, die brannte, ohne dass trockenes Gras, Stroh, oder kleine trockene Äste gebraucht werden. Ich habe gehört, dass sie diese Luft Gas nennen und wenn ganz ganz viel von diesem Gas mit einem Funken zusammenkommt, dann gibt es einen kräftigen Rumms und die Erde fliegt einem um die Ohren und das Feuer, das dann entsteht, wird riesengroß, also passen die Menschen besonders gut auf, wenn sie Feuer machen. So ist das mit dem Feuer. Ich hoffe die kleine Geschichte meiner Familie hat dir gefallen, denn ich muss mich jetzt von dir verabschieden liebe Luna, denn ich muss zurück ins Feuer, zu meinen Brüdern und Schwestern. Schön, dich kennengelernt zu haben."

Lichtobjekt 8 - Allein die Lagerfeuerkette: Luna schaut Fritzi hinterher, wie sie ins brennende Holz springt und mit ihren Geschwistern tanzt. Bauer Ferdinand sitzt mit Freunden auf Bänken über der kleinen Schnecke und schaut mit ihnen ebenfalls ins Lagerfeuer, trinken etwas und erzählen sich laut lachend eine Geschichte nach der anderen. Irgendwann schläft Luna über das Lachen der Menschen ein. Als sie wieder aufwacht, ist das Feuer erloschen und Ferdinand und seine Freunde sind aus dem Gemüsegarten verschwunden.

f. Kornfeld
Sitzordnung: Sonne

Material: Fiberglasleuchten; Wassersäule warmweiß mit Strudelblasen, farbig ohne Strudel; Deckenfluter einfarbig.

Anregung zur Unterbrechung: In einer imaginären Handmühle (ein Arm stellt an der Körperseite einen runden Behälter da, die freie Hand dreht in dem Behälter) mahlen die Kinder das Korn. Dann kneten sie einen Teig, schieben das Backwerk in den Ofen und essen es dann in der Pantomime auf.

<u>Lichtobjekt 1 - Fiberglasleuchten</u>: Luna hat sich auf den Weg zum Acker gemacht. In diesem Jahr wächst Korn darauf. Lange dünne Halme strecken sich in den Himmel. Wie ein Wald mit dünnen Baumstämmen erscheint das Kornfeld vom Boden aus. Oben, kurz vor dem Himmel breiten sich die Kornähren wie kleine Baumkronen aus und verdecken das Blau des Himmels fast komplett. Luna bleibt vor einigen Halmen stehen. Emsiges Treiben ist an den Halmen zu beobachten.

<u>Lichtobjekt 2 - Wassersäule warmweiß mit Sprudelblasen</u>: Kleine Krabbeltiere wandern an den Halmen auf und ab. Sie haben einen langen, dünnen Körper, an dem sechs Beine zur Seite ragen. Am kleinen Kopf wackeln bei jedem Schritt, den sie machen, zwei Fühler. Die kleine Schnecke hat diese Krabbler bereits in Müllers Gemüsegarten gesehen, aber sie nie angesprochen, denn der Salat, der dort wächst, ist viel interessanter. „Hallo ihr, wie ist es eigentlich dort oben am Ende des Stängels?" Luna wartet auf eine Antwort, doch keiner reagiert auf ihre Frage. „Na, das ist aber gar nicht lieb von euch, ich habe doch nett gefragt." Luna reckt ihren Körper hoch und berührt mit ihm einen Halm und prompt bleibt ein

Krabbler in ihrem Schleim, den sie hinterlassen hat, kleben. Der Sechsbeiner gibt einen Laut von sich.

Lichtobjekt 2 - Jetzt mit Farbwechsler ohne Sprudelblasen: Und wie auf ein Kommando bleibt die ganze Masse der Krabbeltiere an Ort und Stelle stehen und bewegt sich nicht. „Was ist los?", fragt Luna den kleinen Gefangenen. „Alle haben Angst vor deinen Zauberkräften, deshalb muckst sich keiner. Jeder hofft, dass du ihn nicht siehst", sagt er. „Zauberkräfte, seit wann habe ich Zauberkräfte?", fragt sich die kleine Schnecke. „Na, du hast keine Arme und Beine und dennoch schaffst du es mich hier festzuhalten", erklärt der Krabbler. „Ach so, deshalb", kichert Luna leise. „Ich bin eine Schnecke und wir produzieren Schleim, auf dem wir hin und her gleiten, das ist kein Zauber!" „Oh, gut zu wissen. Ich bin Anton die Ameise. Kannst du mir denn sagen, wie ich mich von deinem Schleim befreien kann?" „Du brauchst nur etwas Zeit und Geduld. Wenn der Schleim getrocknet ist, klebt er nicht mehr und du bist frei. Vielleicht kannst du mir ein wenig davon erzählen, wie es dort oben aussieht."

Lichtobjekt 3 - Deckenfluter einfarbig: „Du, das kann ich dir eigentlich gar nicht wirklich beschreiben, denn für uns ist es nur wichtig an den langen Stängeln auf und ab zu klettern und bei jeder Tour nach unten ein Getreidekorn mitzunehmen." Luna richtet ihren Blick auf einige Ameisen, die immer noch still und stumm am Halm verharren. Und genau, einige von ihnen haben etwas eiförmiges, hellbraunes auf dem Rücken, das größer ist als die Ameise selbst. Das muss das Getreidekorn sein. „Und wo bringt ihr es dann hin?", fragt Luna interessiert. „In unseren unterirdischen Bau direkt am Feldesrand und dort gleich in den Kornspeicher für den Winter." „Seid ihr alle so kräftig?", flutscht die Frage aus Luna heraus. „Na klar sind wir das, aber wieso fragst du?", antwortet Anton. „Ach, vielleicht könntet ihr mir ja einen großen Traum erfüllen und mich hoch zu den Ährenspitzen tragen." Nichts leichter als das, wenn dein Superkleber endlich eingetrocknet ist, gerne." Und genau in diesem Moment kann sich Anton wieder bewegen und mit ihm erwachen auch alle anderen Ameisen aus ihrer Starre. Und auf ein Zeichen von Anton krabbeln zehn Ameisen unter Luna und heben sie an.

<u>Lichtobjekt 4 - Wand- und Seiten-Fluter bunt</u>: Wie ein Rennwagen bewegt sich Luna in Richtung der Ähren und erreicht sie in einer für sie atemberaubenden Geschwindigkeit. Oben angekommen tanzen unzählige Ährenköpfe um sie herum. Die Abendsonne lässt sie in den verschiedensten Farben erleuchten. Einige von ihnen leuchten grünlich, da sie noch nicht reif sind. Andere wiederrum leuchten gelb und rotbraun. Dies sind die Ähren, auf die es Anton und seine Ameisenfreunde abgesehen haben, da diese Ähren besonders gut schmecken. Luna genießt es auf der Ährenspitze hin und her zu schaukeln und das Lichtspiel zu verfolgen. Bis Anton sie aus ihrem Farbentraum holt. „Luna, die Sonne geht gleich unter. Wir müssen uns langsam auf den Weg nach unten machen."

<u>Lichtobjekt 1 - Wassersäule weiß warm mit Sprudelblasen</u>: Seine Freunde tragen die kleine Schnecke genauso rasch herunter, wie sie es zuvor herauf getan haben. Unten angekommen setzen sie Luna sachte ab und verabschieden sich in ihren unterirdischen Bau. Für Luna aber war dieser Ausflug überirdisch gut. Wieso nach Hause kriechen? Sie verkrümelt sich in ihr Haus und spürt den Farben und dem Schaukeln noch ein wenig nach, bis sie dann einschläft.

g. Grau in Grau
    Sitzordnung: Sonne

Material: Lichtwürfel und Lichtkugel mit einstellbarem Farbwechsel; pro Kind vier vorbereitete, durchsichtige PET-Flaschen jeweils gefüllt mit Wasser, Speiseöl und Wasserfarbe rot, blau, gelb, grün, sowie je eine Taschenlampe; Wand- und Deckenfluter.

Anregung zur Unterbrechung: Falls eine Pause benötigt wird, können die Kinder mit fiktivem Pinsel und Farben den Raum anstreichen.

<u>Lichtobjekt 1 - Lichtwürfel und -kugel auf weißem Licht eingestellt</u>: Seit Tagen regnet es. Luna kommt nur drei Mal am Tag aus ihrem Schneckenhaus, um eine Kleinigkeit zu essen. Der Himmel ist grau. Mal ist das Grau heller, mal ist es dunkler, aber es ist halt immer nur grau und das im Mai. Da kommt Marie das Marienkäfermädchen in Lunas Mauerecke gekrabbelt und klopft sachte ans Schneckenhaus. „Hallo Luna, bist du wach?" „Mmh", murmelt die kleine Schnecke müde, denn das Plätschern auf ihr Hausdach und der trübe Himmel lässt sie immer wieder eindösen. „Du Luna, findest du das ewige grau nicht auch total öde? Sollen wir uns die Wolken nicht einfach bunt reden?", schlägt Marie Marienkäfer vor. Da wird Luna hellwach. „Au ja, das machen wir, das ist eine gute Idee."

<u>Lichtobjekt 2 - Gefärbte PET-Flasche, Taschenlampe, Lichtwürfel und -kugel werden auf Grün gestellt, die Kinder drehen die Flasche, sodass das Öl sich durch das Wasser seinen Weg zum „neuen oben" bahnt und leuchten sie mit der Taschenlampe an und wiederholen dies</u>: „Oh Marie, schau einmal, grüne Wolken, so grün wie unsere Lieblingsspeise Blattsalat." „Ja genau, lecker", antwortet

die kleine Käferdame, „und genauso grün, wie unser Freund Leo Laubfrosch." „Ja du hast Recht, nur dass unsere grünen Wolken nicht hüpfen wie der Laubfrosch, aber die Seerosenblätter, auf denen er hin und her springt, sind genauso grün wie diese Wolken." „Luna, ich kenne noch etwas anderes, dass so grün ist. Die Menschen sagen Ampel dazu und die leuchtet auch immer wieder mal wunderbar grün." „Ja, davon habe ich auch schon gehört. Schau einmal Marie, die Wolken ändern ihre Farbe." „Aber bitte nicht grau", erwidert Marie.

<u>Lichtobjekt 3 - Gefärbte PET-Flasche, Taschenlampe, Lichtwürfel und -kugel werden auf Rot gestellt</u>: „Nein, die Wolken werden rot." „Du meinst so rot wie meine Flügel es sind?" „Ganz genau liebe Freundin und so rot wie die Rosen, die neben Herrn Müllers Gemüsegarten blühen." „Ja, richtig und im Gemüsegarten hat Müller doch die knallroten Radieschen gesät." Du meinst diese kleinen roten Knollen, die so bitte schmecken?" „Genau die, aber sie leuchten lange nicht so knallig rot wie Müllers Gummistiefel." „Da hast du Recht. Zum Glück sind seine Stiefel so rot, da sieht man ihn viel schneller, als wenn sie nicht rot wären, bevor er auf einen von uns beiden tritt." „Das sagst du wohl, aber schau einmal, die Wolken werden plötzlich blau."

<u>Lichtobjekt 4 - Gefärbte PET-Flasche, Taschenlampe, Lichtwürfel und -kugel werden auf Blau gestellt</u>: „Du meinst so blau wie die Kornblume, die zwischen dem Weizen und dem Roggen blüht." „Und so blau, wie der Sommerhimmel bei Sonnenschein." „Richtig, und ebenso blau wie dieses Licht auf den fahrenden Blechkisten der Menschen, die immer so einen Lärm machen, wenn sie herumfahren." „Da finde ich das Blau des Wassers in Leos

Teich schöner, das ist nicht so grelle, wie das der Blechkisten. Aber guck doch mal, die Wolken wechseln wieder die Farbe."

<u>Lichtobjekt 5 - Gefärbte PET-Flasche, Taschenlampe, Lichtwürfel und -kugel werden auf Gelb gestellt</u>: „Schau, die Sonne scheint, alles wird gelb, so wie die Krone des Froschkönigs, von dem Leo immer erzählt, und so gelb wie die Blüten der Dotterblume in seinem Teich." „Oder die Hühnerküken auf der Wiese neben dem Gemüsebeet." „Oh, die finde ich wirklich süß, aber genauso süß schmeckt die Banane, die Müller immer wieder auf der Bank zwischen dem Gemüse vergisst." „Du meinst dieses lange krumme Ding, auf der immer die gelben Bienen landen?" „Genau die, aber schau doch einmal da am Himmel!"

<u>Lichtobjekt 6 - Deckenfluter bunt</u>: Ein wunderbarer bunter Regenbogen, mit all unseren Wolkenfarben und noch mehr. Wie schön, das Regengrau ist vorbei, jetzt können wir wieder die Farben genießen.

Wer noch nicht genug von rot, gelb, grün und blau hat, kann noch einmal die einzelnen Flaschen nehmen, drehen, beleuchten und gemeinsam überlegen, was es noch alles in diesen Farben gibt.

h. Alarm im Gemüsegarten
Sitzordnung Sonne

Material: Kalimber; Steel Tongue Drum; Donnerblech; Regenmacher; Lichterschlauch warm weiß; großer Würfel mit einstellbarem Farbwechsel; weiße Lichtkugeln verschiedener Größen; Chiffontuch in gelb, rot und blau – Lichtobjekte und Instrumente werden vom Erwachsenen betätigt.

Anregung zur Unterbrechung: Da es sich um eine Geschichte im Gemüsegarten handelt, können die Kinder imaginär zuerst eine Möhre aus der Erde ziehen und in sie hineinbeißen, dann einen Apfel vom Baum pflücken und ihn ebenfalls verzehren, bevor es weitergeht.

<u>Lichtobjekt 1 - Alle Lichtobjekte leuchten, der Würfel ist auf Weißlicht eingestellt:</u> Luna hat sich wieder einmal auf den Weg zu Herrn Müllers Gemüsegarten aufgemacht. Am Gartentor angelangt überlegt sie, welche Richtung sie einschlagen soll. Geht es in die Ecke mit den leuchtend roten Erdbeeren, die so schön saftig sind? Oder wäre es besser zu den Salatreihen zu kriechen und an den herrlich knackigen grünen Salatblättern zu naschen? Unter dem Birnenbaum steht noch eine Reihe Spargel, in seinem hellen Gelb, eine Stange davon könnte sehr gut schmecken. Genau in dem Moment, in dem der kleinen Schnecke das Wasser im Munde zusammenläuft, hört sie ein Grollen (*Donnerblech*). Donner mitten im Juni, bei wunderbarem Wetter? Luna schaut zum Himmel hinauf, da hört sie eine singende Stimme: „Das ist kein Donner kleine Freundin, das sind Bleche, die vom Wind im Baum bewegt werden und dann wie Donnergrollen klingen." Luna sieht eine Amsel und fragt: „Und wozu hängen die da? Sind die dort genauso gewachsen wie die Birnen?" „Nein, nein", antwortet der Vogel. „Der Müller hat sie aufgehängt, um uns Vögel zu

vertreiben." „Wie blöd", rutscht es aus dem Schneckenmund. „Komm, wir gehen zum Spargel, da zeig ich dir noch andere Krachmacher."

Lichtobjekt 2 - Alle Lichtobjekte leuchten, der Würfel ist auf gelbes Licht geschaltet, über die anderen weißen Lichter wird das gelbe Chiffontuch gelegt: „Was ist das denn?", fragt Luna den schwarzen Vogel. „Ich höre es regnen (*Regenmacher*), aber der Himmel ist trocken. Noch nicht einmal das kleinste Wölkchen ist am Himmel zu sehen!?" „Soll ich dir die Lösung auf deine Frage zeigen?", wendet sich die Amsel der kleinen Schnecke zu. „Du kennst den Zauber, der hier gerade herrscht?" Luna schaut den Vogel überrascht an. „Das ist kein Zauber meine Freundin, das ist eine lange, schmale Röhre, in der Herr Müller Nägel gesteckt hat. Die rieseln dann in der Röhre herunter und schon denkst du, es würde regnen. Und da viele Vögel Regen nicht ausstehen können, wäre der Trick gelungen. Aber wir Vögel sind nicht dumm!" „Das habe ich schon gemerkt", erwidert Luna, „aber wieso hört man es immer wieder regnen. Die Nägel fliegen doch nicht die Röhre hinauf?" „Gut kombiniert", nickt die Amsel, „unser Gärtner hat die Röhre so aufgehängt, dass sie schwingen und schweben kann. Wenn der Wind nur ein wenig stärker ist, kippt die Röhre in die andere Richtung und schon rieseln die Nägel wieder." „Die Menschen, die Menschen!", schüttelt Luna ihre Fühler. „Das ist noch nicht alles, komm ich trag dich rüber zu den Erdbeeren." Die Amsel nimmt die Schnecke vorsichtig mit ihrem Schnabel auf und trägt sie hinüber zum Erdbeerfeld.

Lichtobjekt 3 - Alle Lichtobjekte leuchten, der Würfel ist auf rotes Licht geschaltet, über die anderen weißen Lichter wird das rote Chiffontuch gelegt: „Hilfe, mir wird ganz schummrig, ich schlafe gleich ein. Was ist das für eine Musik?" Die Fühler unserer Schnecke drehen sich hin und her. „Genau das will Herr Müller mit dieser Krachmaschine erreichen. Dass alle, die diese Musik hören, auf der Stelle einschlafen und nicht von seinen leckeren, roten Erdbeeren naschen können", erwidert der gefiederte Freund. „Und wo kommt diese Musik her?", fragt Luna die Amsel. „Schau einmal auf den Ast dort oben." Luna reckt ihren Körper. „Da sind ja kleine Metallstäbe und eine dicke Kugel hüpft über sie hinweg." „Genauso ist es, die Kugel ist an einem Gummiband befestigt und springt von Stab zu Stab. Jedes Mal, wenn ein Blatt sie berührt, geht die Musik von vorne los." „Trag mich bitte weg von hier, liebe Amsel", bittet Luna, „sonst schnarche ich auf der Stelle ein." „Dein Wunsch ist mir Befehl, aber eine Klangattraktion habe ich noch für dich." Die Amsel trägt Luna behutsam hinüber zu den Salatköpfen.

Lichtobjekt 4 - Alle Lichtobjekte leuchten, der Würfel ist auf grünes Licht geschaltet, über die anderen weißen Lichter wird das grüne Chiffontuch gelegt: „Hier ist ja auch Musik (_Steel Tonque_) zu hören", bemerkt Luna, „aber diesmal macht sie gar nicht müde. Ganz im Gegenteil, da möchte sogar ich als Schnecke tanzen, obwohl wir Schnecken ja bekanntlich gar keine Beine zum Tanzen haben." „Beine hin, Schleim her", merkt die Amsel an, „genau darum geht es." Mit der Musik sollst du langsam, aber sicher aus dem Salatbeet heraus tänzeln, natürlich ohne einmal an den Blättern geknabbert zu haben." „Also die Krachmaschine funktioniert sogar bei mir", sagt Luna Langsam, „ich möchte mich lieber zur Musik bewegen als etwas zu fressen." „Komm, dann wollen wir zusammen ein kleines Tänzchen wagen", sagt die Amsel und streckt ihre Flügel zur Schnecke aus. Die reckt ihr die Fühler entgegen und so beginnt der >Schnamsel<, der Schnecken-Amsel-Tanz. Und wenn die Musik nicht aufgehört hat zu spielen, dann tanzen die beiden heute noch.

i. Obstbaumrausch
   Sitzordnung: Sonne

Material: Taschenlampe mit gelbem Filter (gelbes Transparentpapier mit schwarzem Punkt in der Mitte); Wassersäule; Deckenfluter; Fiberglasleuchten; Lichterschlauch mit Impulssteuerung.

Anregung zur Unterbrechung: Was bietet sich bei einer Geschichte mit Insekten besser an, als Flugbewegungen auf der Stelle umzusetzen.

Lichtobjekt 1 - Präparierte Taschenlampe: „Was summt und brummt es denn hier auf der Obstbaumwiese?", fragt sich die Schnecke Luna Langsam und genau in diesem Moment sieht sie einen kleinen dunklen Punkt, der ihr vor der Nase hin und her tanzt. Beim näheren Hinsehen erkennt sie, dass der dunkle Punkt gar nicht einfarbig ist, sondern gelbe und schwarze Streifen an seinem Körper hat. Im Gegensatz zu unserer Schnecke hat dieses kleine Ding Beine, aber die hat es gerade gar nicht in Gebrauch. Vielmehr nutzt es seine Flügel, mit denen es scheinbar nicht nur fliegt, sondern auch das Summen und Brummen produziert. Und wie Luna dieses kleine Ding bei seinem Frühlingstanz beobachtet, wird das Summen und Brummen immer lauter.

Lichtobjekt 2 - Wassersäule mit Farbwechsel: Als Luna ihren gelenkigen Körper nach hinten dreht erkennt sie den Grund für die lauten Töne. Ein ganzer Schwarm dieser gelben, schwarzen Biester kommt auf sie zugeflogen und macht direkt vor ihrer Nase eine scharfe Kurve, um dann an einem Kirschbaumstamm hinauf in das Geäst zu fliegen. Die Kirsche trägt noch keine grünen Blätter. Dafür ist sie über und über bedeckt mit zartrosa gefärbten Blüten. Auf diese Blüten scheinen es die flinken Flieger abgesehen zu haben. Der Schwarm, der am Stamm entlang seinen Weg in die Baumkrone hinauf sucht, scheint nicht abzubrechen. Doch langsam wird das Summen und Brummen etwas leiser.

Lichtobjekt 3 - Deckenfluter: Doch was ist das? Ein lauter Knall vom Rübenacker nebenan erschreckt alles rund um die rosa und weiß blühenden Obstbäume. Aus den vielen Baumkronen heraus strömen Bienen, Wespen, Fliegen, dicke Hummeln und kleine Mücken hinauf in den Himmel und schwirren aufgewühlt hin und her. Einen Anblick, den man sonst nur kennt, wenn sich ein Bienenschwarm ein neues Zuhause sucht, doch das hier sieht aus, als wenn mindestens fünf Schwärme unterwegs seien. Wie viel Lärm doch so kleine Dinger machen können, Wahnsinn.

Lichtobjekt 4 - Lichterschlauch mit Impulssteuerung: Aber nicht nur am Himmel über den Obstbäumen ist ein tierisches Durcheinander zu sehen. Auch auf dem Boden tummelt es sich. Ein großer Ameisentrupp macht sich auf den Weg. Aus ihrem Ameisenbau unter der Erde heraus laufen sie alle brav hintereinander in einer Reihe, wie Perlen auf einer Schnur zur Kette aufgereiht. Nur, dass sich diese Kette hier bewegt, und zwar schnurstracks auf den Baumstamm zu. So wie es aussieht haben auch die Ameisen Lust auf etwas Süßes.

Lichtobjekt 5 - Wassersäule mit Farbwechsel: Genauso ist es. Die Ameisen laufen den Stamm hinauf. So etwas können nur Tiere. Jeder Mensch wäre bei dem Versuch normal den Stamm hochzulaufen gleich wieder heruntergestürzt. Oben angekommen löst sich die Perlenschnur auf. Jede Ameise stürzt in eine andere Blüte und holt sich Nektar heraus. Und wie auf ein lautloses Kommando kommen alle wieder aus den Blüten heraus und wandern den Baumstamm hinab.

<u>Lichtobjekt 6 – Fiberglasleuchten</u>: Über den Obstbäumen hat es sich langsam wieder beruhigt. Alle Insekten mit Flügeln haben es sich wieder in den verschiedenen Obstbäumen gemütlich gemacht. Ihre bunten Körper schwingen in den Blüten und bewegen damit die feinen Äste, an denen die Blütenpracht aufgereiht ist. Es wirkt, als wenn eine unsichtbare Macht mit vielen kleinen bunten Blumensträußen wedeln würde. Mit diesem Bild im Kopf macht sich Luna Langsam wieder auf den Heimweg.

j.   Nachts sind alle Katzen grau
     Sitzordnung: Sonne

Material: Schwarzlichtobjekte; weiße Handschuhe.

Vorbemerkung: In dieser Geschichte gibt es keinen Wechsel der Lichtobjekte. Alle vorhandenen Schwarzlichtleuchten sind zeitgleich eingeschaltet. Ein Wechsel findet mit den Handbewegungen des Erwachsenen und der Kinder statt, die weiße Handschuhe tragen.

Anregung zur Unterbrechung: Auf dem Teppich können Bewegungen des Kater Kleks nachgeahmt werden. Wie beispielsweise der Katzenbuckel oder das Schleichen auf der Stelle.

Luna ist nach ihrem Abendbrot im Gemüsegarten eingeschlafen. Nun wird sie durch ein leises Miau wach. „Hallo Luna. Na, war dein Bauch so voll, dass du ein Nickerchen machen musstest?", schnurrt Kater Kleks.

<u>Bewegung 1 - Alle halten eine Hand vor dem Auge</u>: Kater Kleks heißt so, weil um eines seiner beiden Augen ein weißer Fleck auf dem sonst schwarzen Fell aufleuchtet. „Ach du bist ein Stubentiger", antwortet die kunterbunte Schnecke. „Nun hör einmal du kleiner Glitscher, willst du mich beleidigen? Ich bin der König der Straße und der Herr der Nacht", schleudert Kleks ihr die Worte zurück. „War doch nur ein Scherz", beruhigt Luna den Kater. „Aber wo wir gerade beim Herrn der Nacht sind, warum sieht man in der Nacht eigentlich alles in schwarz, weiß oder grau und nichts wirklich in Farbe?"

<u>Bewegung 2 - Alle ballen die Hände zu Fäusten und recken sie hoch:</u> „Wieso? Die Steine hier im Gemüsegarten sind auch am

Tag ganz weiß", lächelt der Kater Luna an. „Du weißt ganz genau, was ich meine", entgegnet das Schneckentier dem Samttiger, „mein buntes Schneckenhaus sieht gerade aus wie eine graue Marmorfigur." „Ja ja liebe Freundin, nachts sind alle Katzen grau, hat meine liebe Mutter uns als Katzenkinder früher immer gesagt." „Das verstehe ich nicht", stellt Luna ihre Fühler krumm. „Na ist doch ganz einfach. Die Menschen sehen nachts nicht in Farbe und da sie in der Nacht meist uns Katzen begegnen, kam es zu diesem Spruch."

Bewegung 3 - Alle formen mit den beiden Händen ein Herz in die Luft: „Und wenn ich mir die beiden dort so ansehe, fällt mir noch ein anderer Spruch meiner Mutter ein." Kater Kleks neigt den Kopf und schaut zu einem jungen Liebespaar, das auf der Bank vor Herrn Müllers Gartenhaus sitzt. „Und welcher?", möchte Luna von ihm wissen. „Der Mond lässt deine Haare glänzen, als wenn er flüssiges Silber über diese ausgegossen hätte." „Da hast du Recht", stimmt ihm die Schnecke zu, „die Haare der Frau leuchten wirklich wie silbernes Wasser, das hin und her schaukelt. Deine Mutter ist eine interessante Frau."

Bewegung 4 - Alle lassen die ausgestreckten Finger beider Hände in der Luft zappeln: „Und hätte sie auch hierfür einen Spruch auf den Lippen gehabt?" Luna zeigt fragend zu den vielen Nachtfaltern, die wie wild um die Lampe an Müllers Gartenhaus fliegen und zappeln. „Kleks, du ziehst den Ärger an wie das Licht die Motten", sagt der Kater wie aus der Pistole geschossen. „Wann hat sie das denn gesagt?", fragt Luna Langsam kritisch. „Wenn ich mal wieder tollpatschig in die Milchschale gefallen bin, den Nachbarshund geärgert habe, beim Sprung über die Mauer den Blumentopf umgestoßen habe und", Kleks überlegt, doch bevor er seine Aufzählung weiterführen kann, hören die beiden eine Stimme von oben.

Bewegung 5 - Alle halten die beiden Hände wie ein Fernglas vor den Augen: „Wenn ihr beiden da unten weiter so lange herum schwätzt, verjagt ihr mir noch das letzte Mäuschen, das hier im Gemüsegarten unterwegs ist." In der Spitze des Kirschbaums entdecken Luna und Kleks eine Eule, die sie mit ihren großen runden Augen anstarrt. Auch das Gefieder um ihre Augen leuchtet silbern und wirkt wie ein nächtlicher Zauber. „Bewegt euch nicht vom Fleck", ruft die Eule den beiden zu. Im selben Augenblick hören sie ein leises Fiepen und die Eule schwingt sich in die Luft.

Bewegung 6 - Alle wedeln mit den Händen und ahmen einen Flügelschlag nach: Sie stürzt an den beiden Zuschauern vorbei auf den Boden. Luna und Kleks ducken sich. „Mist", schimpft die Eule, „jetzt ist mein Abendessen weg." „Wir haben sie aber nicht verschreckt", entschuldigt sich Luna. Doch die Eule hört ihr gar nicht richtig zu und fliegt in die Nacht hinein. „Ich glaube, ich mache es der Eule gleich und verschwinde jetzt", sagt Kleks und schon ist er von der Dunkelheit verschluckt. Luna schaut noch ein wenig den Motten zu und verkriecht sich dann in ihr Schneckenhaus.

Snoezelen zonder

Entschleunigen
mit
Bewegung und Gefühl

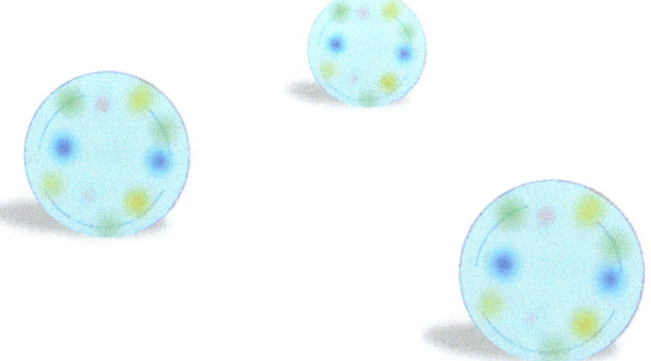

6. Snoezelen zonder

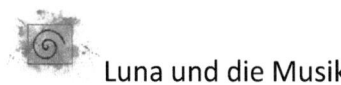

Luna und die Musik

a. Reise nach …

Material: Lichtschlauch warmweiß; kleine Discokugel; Lavalampe; Lichtfächer Fiberglas; Kugelblitz; kleiner Lichtschlauch mit schnellem Farbwechsel; sechs kleine Tische (Ikea Beistelltisch Lack); zwölf kleine weiße Tücher oder sechs weiße Tischläufer; sechs >Eisschollen< (siehe Spiel >Achtung, Rutschgefahr).

Vorbereitung: Die >Reise nach…< bedarf einer größeren Vorbereitung. Die Mitte des Raumes wird durch einen Lichtschlauch mit Warmweiß im großen Kreis markiert. Um diesen Kreis herum werden sechs Tische so gekippt gestellt, dass die eigentliche Tischoberfläche zur Wand wird. Über das rechte und linke obere Tischbein wird je ein Tuch gelegt, sodass ein kleiner separierter Raum entsteht, eine kleine luftige Höhle. Man kann wahlweise auch eine Art großen Tischläufer vom Boden über beide Tischbeine zur anderen Bodenseite legen, dann entsteht auch ein „Dach". In diesen Raum wird jeweils ein Lichtobjekt gestellt. Alle Lichtobjekte leuchten zeitgleich, was aber von den Kindern, die im Kreis um den Lichtschlaucht stehen, so nicht direkt wahrgenommen wird. Die Tische sind so zum Kreis ausgerichtet, dass die eigentliche Tischfläche zum Lichtschlauch weist. Auf der Höhe eines jeden Tisches liegt eine >Eisscholle< aus dem Spiel „Achtung, Rutschgefahr" oder wahlweise eine kleine Puzzlematte.

Umsetzung: Jedes Kind stellt sich auf eine >Eisscholle<. Die Musik erklingt und die Kinder laufen langsam mit der Musik am Lichtkreis entlang. Verstummt die Musik, stellt sich jedes Kind auf die Eisscholle, die ihm am nächsten ist. Da für jeden eine Scholle vorhanden ist, muss es keine Streitigkeiten geben, da es ja KEIN Ausscheidungsspiel ist. Im Gegenteil, jedes Kind geht in eine Höhle und genießt das Licht und die Musik, die wieder erklingt, sobald jedes Kind in einer Nische verschwunden ist. Wie lange die Kinder dortbleiben, entscheidet wieder die Musik. Verstummt sie erneut, so stellen sich wieder alle Kinder auf die >Eisschollen<. Sind alle in Position, so gibt die Musik wieder den Takt zum Weiterlaufen. Wem dies zu kompliziert ist, der wählt für das Laufen am Lichtkreis Musik aus der Konserve und für die Zeit in der Lichternische Livemusik mit der Kalimber, der Tischharfe oder Steel Tongue.

b. Fühler
Sitzordnung Sonne

Material: Lichtobjekte (Wassersäule; Discokugel; großer Würfel mit Farbwechsel; kleine Kugeln mit Farbwechsel; Deckenfluter); Klangobjekte, am besten in zweifacher Ausführung (Tischharfe; Regenmacher; Klangstäbe des Metallophons; Kalimber).

Vorbereitung: Es werden acht Teppiche und acht Sitzkissen im Wechsel ausgelegt. Auf jedem Teppich ist ein Klangobjekt zu finden. Die Klangobjekte sind in einer gleichmäßigen Reihenfolge ausgelegt. Die Kinder positionieren sich wie folgt: Zwei Kinder so, dass die zwei vor ihnen liegenden Klangobjekte identisch sind. Die anderen beiden nehmen auf einem Kissen Platz, so, dass sie nach dem Wechsel auf einen Teppich die identischen Klangobjekte vor sich haben. Als Einstimmung und im Verlauf zur Untermalung des Ortswechsels von Teppich zu Teppich wird folgender Vers gesprochen:

Luna kriecht aus ihrem Haus,
streckt die kleinen Fühler aus.
Ei, was spürt sie dort,
was liegt denn da vor Ort?
Die Fühler spüren's gleich,
Klänge leis und weich.

Zu Beginn werden alle Klangobjekte einmal angespielt und von den Kindern den vier Lichtobjekten vom Charakter her zugeordnet. Nun wird zum ersten Mal der Vers gesprochen, das erste Klangobjekt erklingt zweifach und das dazugehörige Lichtobjekt leuchtet auf. Sobald der Vers erneut erklingt, verstummt das erste Klangobjekt, die Kinder wechseln im Uhrzeigersinn den Platz und ein neues Klangobjekt erklingt zweifach. Das dazu geordnete Lichtobjekt leuchtet auf, das Vorherige erlischt. So geht es dann reih um bis alle Kinder alle Klangobjekte betätigt haben.

c.   Lunas Hitparade

Sitzordnung Sonne

Material: Wassersäule; Discokugel; großer Würfel mit Farbwechsel; kleine Kugeln mit Farbwechsel; Deckenfluter.

In Lunas Hitparade geht es darum, dass klassische Musikstücke von ihrem Charakter her einzelnen Lichtobjekten zugeordnet und den Kindern gemeinsam angeboten werden. Hierbei sollten sich quirlige Musikstücke und Lichtobjekte mit ruhigeren abwechseln. Die Musikstücke müssen nicht bis zu deren Ende gespielt werden, je nach >Ausdauer< der Kinder reichen 2 bis 4 Minuten. Wenn Musikstücke fröhlich beginnen und dann etwas düsterer werden, bietet es sich an, die Lautstärke etwas zu regulieren. Bei der Reihenfolge empfiehlt

sich mit einem ruhigen Musikstück zu beginnen und zu enden, dazwischen gehören dann jeweils lebendige.

Hier einige Kombinationsmöglichkeiten:
Zu Lichtobjekten mit langsamen Farbwechseln wie der große Würfel oder die kleinen Lichtkugeln passen langsame Musikstücke wie:

- Schwanensee von Tchaikowsky
- Der Marsch aus dem Nussknacker von Tchaikovsky
- Die Moonlight Sonate von Beethoven
- Das Menuett in G von Petzold

Zur Wassersäule eignet sich sehr schön quirlige Musik wie:
- Das Rondo alla turca von Mozart
- Der Liebestraum Nr. 3 von Liszt
- Arabesque Nr. 1 von Debussy
- Die Moldau von Smetana

Zur Discokugel, die Wände und Decke illuminiert, passt:
- Eine kleine Nachtmusik von Mozart
- Die vier Jahreszeiten – Frühling von Vivaldi
- Die Prelude in C Major von Bach
- Un Sospiro von Liszt

Klassische Musik erzählt häufig eine Geschichte. Aus diesem Grund kann auch ein einzelnes Musikstück genutzt werden, um durch eine Reihenfolge von verschiedenen Lichtobjekten in der jeweiligen Stimmung im Stück untermalt und verstärkt zu werden. Am Beispiel der Moldau von Smetana soll dies kurz dargestellt werden.
Der Komponist Bedrich Smetana beschreibt in seinem

bekanntesten Werk >Die Moldau< die Entstehung des Flusses aus zwei Quellen. Über gut 13 Minuten nimmt er den Zuhörer und die Zuhörerin mit auf eine musikalische Reise über das Wasser, mal plätschernd an den Quellen, fließend, strömend, je größer der Fluss wird. Dabei sieht der >Mitreisende<, die >Mitreisende< vom Wasser aus eine Jagd im Wald und eine Bauernhochzeit nahe dem Flussufer, tritt in eine mystische Mondlichtphase ein, um sich dann in den Stromschnellen am imaginären Boot festzuhalten, bevor die Moldau sich langsam vom Betrachter, der Betrachterin entfernt und in einen anderen Fluss übergeht, die Elbe, die schließlich in der Nordsee mündet.

Hier eine Möglichkeit, die Komposition von Smetana ins Snoezelen mit Luna Langsam zu integrieren.

Musik	**Licht**
Die erste Quelle – klanglich dargestellt durch helle Flöten und der Harfe – quirlig und frisch.	*In der Mitte leuchtet die Wassersäule. Mit der ersten Quelle >tanzt< das Licht einer Taschenlampe auf einer Seite des Raumes.*
Die zweite Quelle – hörbar gemacht durch die Klarinette – ebenso vorwitzig wie ihre Freundin.	*Ein zweites Taschenlampen-licht erscheint auf der anderen Seite des Raumes, parallel zu den bereits vorhandenen Lichtern.*
Die Moldau ist entstanden – musikalisch umgesetzt durch Streicher – erhaben und ruhig.	*Die Taschenlampen erlöschen, die Wassersäule leuchtet weiter. Ein farbwechselnder Leuchtschlauch flimmert auf.*

Im vorbeiziehenden Wald findet eine Jagd statt – unvermittelt durch das Horn und die weiteren Blechbläser angekündigt – lebhaft.

Zu den bereits vorhandenen Lichtern gesellt sich der Blitzer.

Das Erklingen einer Polka des gesamten Orchesters kündigt die Bauernhochzeit an, die vom Fluss aus zu sehen ist – fröhlich und lebendig.

Die Blitze und die Wassersäule erlöschen. Die Discokugel illuminiert die Decke und die Wände farbig.

Die Nacht tritt ein, der Mond leuchtet hell, am Ufer der Moldau tanzen Nixen und Nymphen ihren Reigen, im Hintergrund stehen Burgen und Schlösser still und ehrfürchtig – Holzbläser und gedämpfte Streicher, untermalt von der Harfe, stellen die Szene akustisch da – eine skurrile Atmosphäre.

In der Mitte leuchtet nur die Wassersäule. Zwei Taschenlampen entwickeln rasch wechselnd Lichtpunkte an immer wieder unterschiedlichen Punkten im Raum.

Die Moldau durchläuft Stromschnellen – Blech- und Holzbläser und tiefe Streicher verdeutlichen das Sprudeln und Wirbeln – hektisch und lebendig.

Die Wassersäule leuchtet, der farbwechselnde Lichtschlauch wird auf einen schnelleren Lichtwechsel eingestellt.

Die Moldau entfernt sich vom Beobachter, der

Die Wassersäule und der Lichtschlauch erlöschen, der

Beobachterin und fließt in die Elbe hinein – die Bläser setzen den >Abgang< des Flusses feierlich in Szene. *große farbwechselnde Würfel flutet den Raum.*

d. Lunas Lichterspuren

Sitzordnung Sonne

Material: Pro Kind eine Taschenlampe; farbwechselnder Würfel; Musik nach freier Wahl.

Vorbemerkung: Bei „Lunas Lichterspuren" geht es darum, dass den Kindern die Möglichkeit gegeben wird, das Tempo, die Tonhöhen sowie Lautstärken von Musik wahrzunehmen, durch Bewegung umzusetzen und Mittels Licht der Taschenlampe in den Raum zu transportieren. Ob alle drei musikalischen Elemente von den Kindern umgesetzt werden, entscheidet jedes Kind für sich. Die Höhe der Töne kann beispielsweise durch Bewegungen auf der Horizontalen, das Tempo auf der Vertikalen und die Lautstärke durch die Helligkeit des Lichts (Verdecken der Lampe durch die Hand) umgesetzt werden. Während Lunas Lichterspuren von den Kindern in den Raum geworfen werden, leuchtet der Lichterwürfel und wechselt langsam seine Farben, sodass die Kinder auch zeitgleich die Taschenlampen verdunkeln können. Um den ganzen Raum bei den Lichterspuren zu illuminieren, vereinbaren alle Kinder welcher Teil des Raumes (Wände, Decke, Boden) in Szene gesetzt wird. Es bietet sich an, vier verschiedene Musiken anzubieten. Jeder Raumteil erhält eine eigene Musik. Die vierte Musik kann dann für den gesamten Raum genutzt werden. Zwischen den verschiedenen Musiken ist ein kleiner Vers zur Unterbrechung gestellt, der auch den Ort der Lichter mitteilt.

Luna ist mit dem Licht auf der Spur,
und fragt sich: „Musik alleine nur?"
Musik und Licht,
wie ein Gedicht.
Von der Hand gelenkt,
an die Wand (Decke/auf den Boden/in den Raum) geschenkt.
So wie die Musik es sagt
und die Hand sie fragt.
Bist du langsam, bis du schnell,
und mein Licht, das leuchtet hell.

 Verse mit Luna Langsam zur taktilen Untermalung

Vorbemerkung: Die folgenden einzelnen Verse gilt es, wenn nicht ausdrücklich anders benannt, zur Gestaltung einer Snoezelen-Einheit in Kombination zu setzen mit den Elementen aus dem Kapitel „Verse zur Gestaltung von Ritualen", in denen Sie mögliche Ausformungen zum Betreten des Snoezelen-Raums, zum evtl. Wechsel der Position im Raum und Ähnliches finden. Da bei der Stimulation der taktilen Wahrnehmung der Focus weniger auf die visuelle Anregung gelegt ist, wird bei Aktivitäten in diesem Kapitel allgemein auf den Wechsel von verschiedenen warmen Weißlichtern gesetzt. Nur zum Abschluss bietet sich ein ruhiger Decken- und Wand-Fluter, wie die Discokugel an, der das Innenleben des kunterbunten Schneckenhauses simulieren soll. Sollte auch im Aktionsteil farbiges Licht verwendet werden, so wird dies ausdrücklich benannt.

a. Spuren
Sitzordnung Sonne
Vorbereitung: Jedes Kind sitzt auf seinem Teppich und hat mindestens vier verschiedene Materialien in einer kleinen Kiste vor sich (Pinsel, Igelball, Scheuerschwamm, Feder,

Tannenzweig etc.). Es bietet sich an, den Text in zwei Elemente zu teilen. Das Erste ist das Aktive, in dem das Kind die eigenen Arme stimuliert. Der zweite Teil ist die Ruhephase, in der Luna eine Pause einlegt. Für jeden der beiden Teile sollten zwei Lichtobjekte gewählt werden, die in ihrer Helligkeit akzeptabel sind. Das Licht wechselt gemäß dem Übergang vom aktiven in den passiven Vers-Teil. Ob es einen Wechsel zwischen weißem und farbigem Licht gibt, zeigen die Erfahrung mit der konkreten Kindergruppe.

Luna kriecht in aller Ruh
Ihre Bahn, die bist du.
Langsam über deinen Arm,
dieser wird schon richtig warm.
Noch ne kleine Wende,
dann ist die Bahn zu Ende.

Luna macht nun eine Pause,
das Kribbeln in deinem Arm
fabriziert ne Sause.
Die Schnecke ruht sich ganz kurz aus.
Du wirst still, wie eine Maus.

Der Wind fegt alle Spuren fort,
dein Arm ist wieder ein glatter unberührter Ort.

Jedes Kind nimmt sich in der aktiven Phase einen Gegenstand aus seiner Kiste und „bearbeitet" damit seinen eigenen Arm, bis das Wort >Pause< erklingt. Der Gegenstand wird beiseitegelegt und das Kind legt sich auf den Teppich. Zum Ende der Ruhephase wird kurz über den Arm gepustet, das Licht wird wieder gewechselt und ein anderes Material zur nächsten Massage genommen. Der Spruch erklingt erneut. Sobald alle Gegenstände zur taktilen Stimulation genutzt wurden, sucht sich jedes Kind den aus, den es am angenehmsten empfunden hat.

b. Einladung

Sitzordnung Sonne

Vorbereitung: Zwei Kinder teilen sich einen Teppich. Sie sitzen voreinander, sodass das hintere Kind den Rücken des Partners berühren kann. Mit dem Zeigefinger führt das Kind die verschiedenen Berührungen aus, die zum Vers angegeben sind. Hierbei muss es darauf achten, dass es weder zu viel Druck ausübt, sodass es schmerzhaft für den Partner wird, noch dass es zu wenig Druck nutzt, denn dann kitzelt es das Kind vor sich.

Snoezelen zonder – Entschleunigen mit Bewegung und Gefühl

In mein buntes Schneckenhaus, lad ich ein die kleine Maus.	*Mit dem Zeigefinger wird ein großes Schneckenhaus auf den Rücken des Partners gezeichnet.*
Trippel, trapp, kommt sie zu mir, an der Hand ein zweites Tier.	*Alle Finger klopfen sacht abwechselnd auf den Rücken.*
Schleichend kommt der Fuchs mit ihr, neben ihm ein drittes Tier.	*Die Handinnenflächen streichen im Wechsel von den Schulterblättern hinunter zum Gesäß.*
Schlingel, schlangel kommt dazu, eine Schlange, keine Kuh.	*Der Zeigefinger beginnt am unteren Rücken in Serpentinen hoch zu den Schultern zu fahren.*
Wie ein Hauch, ein Flügelschlag, Schmetterling, wie ich dich mag.	*Es wird in den Nacken des Partners und über dessen Haare gepustet.*
Zur Begrüßung wird gedrückt und die Stühle grad gerückt.	*Es findet eine Umarmung statt.*
Denn das bunte Schneckenhaus Fasst nicht mal die kleine Maus.	*Zum Abschluss wird erneut das Schneckenhaus auf den Rücken gezeichnet.*

c. Schleimspur

Sitzordnung Sonne
Jedes Kind sitzt auf seinem Teppich und hat einen Schuhkartondeckel vor sich liegen. Der Boden des Deckels ist ca. 1 cm mit Quarzsand gefüllt.

Vorbereitung: Der Text ist in drei Elemente geteilt. Das Erste ist das Aktive, in dem das Kind Spuren in den Sand zeichnet. Der zweite Teil ist die Ruhephase, in der Luna eine Pause einlegt. Das dritte Element ist der Moment, in dem der Sand wieder glattgezogen wird.

Für den aktiven Teil werden andere Lichter gewählt als für die Ruhe- und Erneuerungsphase. Letztere beiden erhalten gleiche Lichtobjekte. Das Licht wechselt gemäß dem Übergang vom aktiven in den passiven Vers-Teil. Jedes Kind beginnt, sobald es den Vers zum ersten Mal hört, mit dem Finger Spuren in den Sand zu zeichnen.

In der Ruhephase legt sich das Kind auf den Teppich. Zum Ende der Ruhephase wird kurz der Sand wieder glattgezogen, das Licht wieder gewechselt und es werden mit dem Ellenbogen Spuren in den Sand gezeichnet.

Es kann in weiteren Durchgängen auch mit der Nase, den Zehen, der Faust, der flachen Hand in den Sand gezeichnet werden.

Luna kriecht in aller Ruh,
eine Schleimspur, die siehst du.
Glitzert auf des Boden Grund,
manchmal grade, manchmal rund.
Schleim, den braucht die Luna viel,
kommt sonst nicht zu ihrem Ziel.

Die Schnecke ruht sich ganz kurz aus.
Du wirst still, wie eine Maus.
Luna will nun Kräfte tanken,
für neue tolle Schleimspurranken.

Der Wind fegt alle Spuren fort,
du siehst den unberührten Ort.

d. Waldwege

Sitzordnung Sonne
Die Anzahl der ausgelegten Teppiche ist doppelt so hoch wie die Teilnehmerzahl. Bei jedem zweiten Teppich ist die Hälfte mit Waldutensilien großflächig bedeckt. Es gibt einen Teppich mit Zapfen, einen mit Ästen, die als Fläche gereiht sind, einen mit Blättern sowie einen mit Moos.

Vorbereitung: Der Text ist in zwei Elemente geteilt. Das Erste ist der aktive Part, das Zweite der Passive, in dem das Kind zur Ruhe kommt und der Aktion nachspürt. Neben dem warmen Weißlicht in der aktiven Phase bietet sich ein ruhiger, farbiger Deckenfluter für die Entspannungs-, Nachspürphase an. In der aktiven Phase, die durch die ersten beiden Verse gekennzeichnet ist, sitzen die Kinder auf dem Teppich und berühren die Waldgegenstände in einer ersten Runde mit den Waden, in dem sie die Beine auf den ausgelegten Utensilien

ausstrecken und rauf und runter bewegen. Über die Stärke des Drucks auf die Waldutensilien entscheidet jedes Kind individuell.

Mit dem dritten Vers, dem Beginn der Nachspürphase, wechselt jedes Kind den Teppich und legt sich auf den Rücken. Am Ende der vierten Strophe, nachdem sich jedes Kind gereckt und gestreckt hat, geht es zum nächsten Waldobjekt. Haben alle Utensilien einmal die Waden massiert, ist nun der Rücken oder der Bauch an der Reihe.

Über Stock und über Stein,
kriecht die Schnecke ganz allein,
Tannen säumen ihren Pfad.
Manchmal ist der Weg recht hart.

Zapfen, Blätter, Äste, Moos,
im Wald, da ist schon ganz viel los.
Schnuppern, hören, fühlen, tun,
und danach ein wenig ruhn.

Ins Schneckenhaus zur kleinen Rast,
in sich horchen ohne Hast.
Da ein Kribbeln, Wärme dort,
Luna fühlt sich wohl an diesem Ort.

Mit der Pause ist jetzt Schluss,
weil die Schnecke weitermuss.
Recken, strecken, das tut gut,
nun gehts weiter voller Mut.

e.   Eingerollt
Sitzordnung Sonne
Auf jedem Teppich finden die Kinder vier Bälle vor (Tennisball, Tischtennisball, Wasserbombe – Miniluftballon, Igelball).

Snoezelen zonder – *Entschleunigen mit Bewegung und Gefühl*

Zieht die Schnecke sich ins Haus,
sieht's fast wie ne Kugel aus.
Eine Kugel kunterbunt,
etwas eirig, gar nicht rund.
Unter deinem Fuß,
krabbelt dich zum Gruß.
Sei behutsam drum.

Kugelt sich der Igel ein,
zieht nicht seine Stacheln rein.
Eine Kugel, braun nicht bunt.
etwas eirig, gar nicht rund.
Unter deinem Fuß,
krabbelt dich zum Gruß.
Sei behutsam drum.

Kugelt sich der Mader ein,
mit seinem Fell ganz weich und fein.
Eine Kugel, braun nicht bunt,
etwas eirig, gar nicht rund.
Unter deinem Fuß,
krabbelt dich zum Gruß.
Sei behutsam drum.

Das Gürteltier, das rollt sich ein,
etwas wabblig wird es sein.
Eine Kugel, grau nicht bunt,
etwas eirig, gar nicht rund.
Unter deinem Fuß,
krabbelt dich zum Gruß.
Sei behutsam drum.

Verse mit Luna Langsam zur vestibulären Anregung

Bemerkung: Es gelten die gleichen Aussagen wie im Kapitel der taktilen Untermalung.

a. Schneckenhäusertausch

Sitzordnung Sonne
Zwischen den Matten der Kinder, die mit körpergroßen Lücken gelegt sind, liegen je nach Anzahl der Kinder unterschiedlich stark aufgeblasene Wasserbälle, alternativ Pezzibälle, die die verschiedenen Schneckenhäuser symbolisieren sollen.

Vorbereitung: Der Text wird in zwei Elemente aufgeteilt. Es gibt einmal die Ruhephase, in der das Kind auf seinem Teppich sitzt, um von da aus auf einen Ball zu gehen und es gibt einmal die „Stellungsphase", in der es sich im ersten Durchlauf auf den Ball setzt und im zweiten rücklinks auf den Ball legt. Beide Phasen werden mit je zwei verschiedenen Lichtobjekten begleitet.

Zwischen den Textelementen werden stilistische Pausen gesetzt, um einerseits vestibuläre Reize in ihrer Unterschiedlichkeit erkennen zu können, andererseits, um in der Phase des Ballwechsels eine ruhige Atmosphäre gewährleisten zu können. Da das Kind einmal die verschiedenen „Luftstärken" im Sitzen und einmal im Liegen ausprobiert, wird der Reim zwei Mal gesprochen.

Snoezelen zonder – *Entschleunigen mit Bewegung und Gefühl*

Unsre Luna tauscht so gern, Häuser
kapern liegt ihr fern.
Luna tauscht ihr buntes Haus,
mit der kleinen Schnecke Klaus.

Wechsel
von Teppich zu Ball

Und wie ist der neue Raum?
Schöner als ein Bad mit Schaum!
Wie ist dieser Schneckenschutz?
Frei von Dreck und frei von Schmutz!
Wie ist dieser neue Ort,
hier will man nicht fort.

Wippen,
schaukeln
auf dem Ball

So viel Schaukeln her und hin,
da macht eine Pause Sinn.
Alle Viere von sich strecken
und die Ruhe einfach schmecken.

Ruhephase auf dem
Teppich

Unsre Luna tauscht so gern,
Häuser kapern liegt ihr fern.
Und danach ganz schnell,
mit der lieben Isabell.

Wechsel
von Teppich zu Ball

Und wie ist der neue Raum?
Schöner als ein Bad mit Schaum!
Wie ist dieser Schneckenschutz?
Frei von Dreck und frei von Schmutz!
Wie ist dieser neue Ort,
hier will man nicht fort.

Wippen,
schaukeln
auf dem Ball

So viel Schaukeln her und hin,
da macht eine Pause Sinn.
Alle Viere von sich strecken
und die Ruhe einfach schmecken.

Ruhephase auf dem
Teppich

Unsre Luna tauscht so gern,
Häuser kapern liegt ihr fern.
Unsre Luna, die kann ja,
tauschen mit der Tanja.

Wechsel
von Teppich zu Ball

Und wie ist der neue Raum?
Schöner als ein Bad mit Schaum!
Wie ist dieser Schneckenschutz?
Frei von Dreck und frei von Schmutz!
Wie ist dieser neue Ort,
hier will man nicht fort.

Wippen,
schaukeln
auf dem Ball

So viel Schaukeln her und hin,
da macht eine Pause Sinn.
Alle Viere von sich strecken
und die Ruhe einfach schmecken.

Ruhephase auf dem
Teppich

Doch die Luna tauscht so gern,
Häuser kapern liegt ihr fern.
Unsrer Luna hat viel Spaß,
tauscht noch einmal mit dem Lars

Wechsel
von Teppich zu Ball

Und wie ist der neue Raum?
Schöner als ein Bad mit Schaum!
Wie ist dieser Schneckenschutz?
Frei von Dreck und frei von Schmutz!
Wie ist dieser neue Ort,
hier will man nicht fort.

Wippen,
schaukeln
auf dem Ball

So viel Schaukeln her und hin,
da macht eine Pause Sinn.
Alle Viere von sich strecken
und die Ruhe einfach schmecken.

Ruhephase auf dem
Teppich

b. Achtung Rutschgefahr

Sitzordnung Sonne
Anstelle eines Teppichs erhält jedes Kind ein weißes festes Kartonpapier, wahlweise eine weiße PVC-Bodenplatte, die eine kleine Eisscholle imitiert. Auf diese Scholle setzt sich zuerst jedes Kind.

Vorbereitung: Der Text wird in zwei Elemente aufgeteilt. Es gibt einmal die Ruhephase, in der das Kind auf seiner Eisscholle an der Decke den Sternenhimmel anschaut und den aktiven Teil, in dem das Kind in einer ersten Runde auf der >Eisscholle< kniet und mit der Scholle im Kleinen auf dem Boden hin und her rutscht.

In einer zweiten Runde stellt sich das Kind auf die Scholle und dreht sich damit auf der Stelle, um in einer dritten Runde auf dem Gesäß zu drehen, um dann abschließend auf dem Rücken liegend, mit angewinkelten Beinen und Armen eine Runde auf der Scholle zu drehen.

In der aktiven Phase ist im Sonneninneren warmes Weißlicht mit leichten Wechseln installiert.

Auf den Wegen ist es glatt,
alles spiegelt, nichts ist matt.
Überall, da ist es weiß,
weißer Boden, voll mit Eis.
Da lässts sich gut rutschen,
die Füße tüchtig flutschen.
Der ganze Körper hin und her,
nicht zu fallen, das ist schwer.

Rutschen mit der Eisscholle

Ausgerutscht,
hin geflutscht,
auf den Po,
einfach so,
Schwindel ja,
Sterne klar,
Luna da.

Ruhephase auf der Eisscholle

c. Auf dem Seerosenblatt

Sitzordnung Halbmond
Neben den warmen Weißlichtobjekten, die diesmal mit blauen Chiffontüchern abgedeckt werden, benötigt man auch ein Luftbett.

Vorbereitung: Die Kinder sitzen auf ihren Teppichen. Jedes Kind hat zwei Tierkarten vor sich liegen. Entweder das Paar Frosch und Mücke oder das Paar Libelle und Storch (Kopiervorlagen zum Ausmalen finden Sie im Anhang).

Ein Rosenblatt auf einem See,
Drauf liegt jemand, gar eine Fee?
Luna Langsam lässt sich treiben,
Unterm Blatt sich Wellen reiben.
Doch Luna fühlt sich recht allein,
drum lässt sie gern Besucher rein.

Lieber Frosch, so komm zu mir,
bist ein wirklich liebes Tier.

Ein Rosenblatt auf einem See,
Drauf liegt jemand, gar eine Fee?
Luna Langsam lässt sich treiben,
Unterm Blatt sich Wellen reiben.
Doch Luna fühlt sich recht allein,
drum lässt sie gern Besucher rein.

Lieb Libell, so komm zu mir,
bist ein wirklich liebes Tier.

Ein Rosenblatt auf einem See,
Drauf liegt jemand, gar eine Fee?
Luna Langsam lässt sich treiben,
Unterm Blatt sich Wellen reiben.
Doch Luna fühlt sich recht allein,
drum lässt sie gern Besucher rein.

Michi Mück, so komm zu mir,
bist ein wirklich liebes Tier.

Ein Rosenblatt auf einem See,
Drauf liegt jemand, gar eine Fee?
Luna Langsam lässt sich treiben,
Unterm Blatt sich Wellen reiben.

Der Vers des Seerosenblattes wird einmal gesprochen, ohne, dass eine Aktion stattfindet.

Sobald der Frosch aufgerufen wird, legen sich die beiden Kinder, die die Bildkarte Frosch vor sich liegen haben, auf das Luftbett. Die erwachsene Begleitung spricht den Vers des Seerosenblattes. Sie steht dabei mit gespreizten Beinen auf dem Luftbett und drückt dieses mit den Füßen auf und ab, sodass die Kinder wie auf einer Welle leicht schaukeln. Bevor der nächste Besucher auf das Seerosenblatt eingeladen werden kann, müssen sich die Frösche wieder auf ihren Platz begeben.

Es werden die Libellen

Doch Luna fühlt sich recht allein,
drum lässt sie gern Besucher rein.

Lieber Storch, so komm zu mir,
bist ein wirklich liebes Tier.

Ein Rosenblatt auf einem See,
Drauf liegt jemand, gar eine Fee?
Luna Langsam lässt sich treiben,
Unterm Blatt sich Wellen reiben.
Doch Luna fühlt sich recht allein,
drum lässt sie gern Besucher rein.

zum Schaukeln eingeladen. Hier agiert die Begleitung, wie bei den Fröschen.

Erst wenn Michi die Mücke auf das Seerosenblatt kommt, ändert sich die Aktion. Diesmal wird das Luftbett mit den darauf Liegenden leicht über den Boden hin und her gezogen. Die Kinder schaukeln nicht auf und ab, sondern Fliehkräfte wirken seitlich auf sie. Das Gleiche gilt, wenn die Störche zu Besuch auf das Seerosenblatt kommen.

d. Wild gedreht

Sitzordnung Sonne

Vorbereitung: Die Matten der Kinder werden mit einem großen Zwischenraum wie die Sonnenstrahlen auf den Boden gelegt. In den „Körper der Sonne" wird ein bunter Wand- und Deckenfluter gestellt. Dieser ist zu Beginn der Einheit ausgeschaltet. Die Kinder legen sich bäuchlings auf die Matten, mit den Füßen zur Mitte. An den Kopfenden jeder einzelnen Kindermatte ist ein Lichtobjekt (Punktlichter) aufgebaut, die alle zeitgleich leuchten. Jedes Kind sucht mit dem Vers zum

Auftritt eine Matte. Hier verweilt es für ca. 2 Minuten. In dieser Zeit spielt die erwachsene Begleitung auf der Kalimba. Ist die Zeit abgelaufen, spricht sie den nebenstehenden Vers. Die Kinder bewegen sich um die eigene Längsachse drehend von der eigenen zur nächsten Matte. Hierbei muss die Richtung im Vorfeld abgesprochen werden. Bei den „neuen" Matten angekommen erklingt wieder die Kalimba. So geht die Gruppe vor, bis wieder die Ausgangsmatte erreicht ist. Im zweiten Durchlauf stellen sich die Kinder beim Mattenwechsel und drehen sich stehend um die Längsachse. Zum Ende legen sich alle Kinder rücklings auf die Ursprungsmatte, die „Kopflichter" werden gelöscht und alle >kriechen ins kunterbunte Schneckenhaus<, denn der Wand- und Deckenfluter wird eingeschaltet.

Das Schneckenhaus ist wild gedreht,
das Schneckenhaus ist wild gedreht.
Kommt ihr Leute, kommt und seht.

Verse mit Luna Langsam zur Gestaltung von Ritualen

a. Der Auftritt (gemeinsames Betreten des Raumes)

Vor der Türe wartet die kleine Schnecke Luna Langsam in Form eines Keramikobjekts oder einer selbst hergestellten Knetfigur. Bei der ersten Begegnung mit ihr betrachten und beschreiben alle die Schnecke, die ihnen als Luna Langsam vorgestellt wird.

Türe auf, so soll's sein
und ins Schneckenhaus hinein,
langsam wie die kleine Schnecke.
Bunt ist jede Zimmerecke.
Alles geht hier in der Ruhe,
nur auf Socken, ohne Schuhe.
Luna Langsam sucht nen Platz,
das war jetzt der letzte Satz.

Die Begleitung spricht einmal den Vers, um deutlich zu machen, dass die Schuhe vor dem Raum ausgezogen werden und ins Schuhfach, eine kleine Bank, oder einfach nur vor der Wand aufgereiht positioniert werden. Neben der Figur liegt ein bunt gewickelter Stoffturban. Die Kinder reihen sich hinter der erwachsenen Begleitung auf. Das Kind in der Mitte nimmt den Turban auf den Kopf, denn es ist das Schneckenhaus. Das letzte Kind nimmt Luna Langsam in die Hand. Die Türe wird geöffnet und langsam betritt die Schnecke den Raum. Mit dem letzten Vers-Satz sucht sich jedes Kind einen kleinen Bodenteppich und lässt sich nieder. Luna Langsam wird zwischen die Lichtobjekte gestellt, der „Schneckenhausturban" wird abgesetzt.

b. Die Eröffnung

Auf dem eigenen Teppich angekommen.

	Die Kinder knien mit dem Oberkörper und Kopf nach vorne gebeugt auf dem Teppich. Das Gesäß bleibt „hochgereckt" als Schneckenhaus.
Fühler eins,	*Ein Arm wird zur Seite ausgesteckt und wieder zurückgenommen.*
Fühler zwei,	*Der zweite Arme folgt.*
Kopf und Hals ist dabei.	*Der Kopf und der Oberkörper gehen empor.*
Langer Körper Schleim gespickt.	
Schönes Haus, nicht geflickt.	*Die Arme werden hochgestreckt, jedes Kind kniet auf dem Teppich.*
	Die Kinder gehen wieder in die Ausgangsposition.
Luna Langsam, kleine Schnecke, ist's bequem an diesem Flecke?	*Die Kinder bewegen ihr Gesäß und schaukeln so das Schneckenhaus, bevor sie sich in den Schneidersitz begeben.*

c. Das Ende

Vom eigenen Teppich ausgehend stehen alle Kinder auf und nehmen sich mit dem Spruch an die Hände. Die Reihe setzt sich in Bewegung und dreht sich langsam wie eine Schnecke ins Haus hinein und windet sich in Ruhe wieder daraus heraus. Gemeinsam gehen alle an der Hand in Richtung der Ausgangstüre und verlassen den Raum mit der positiven Empfindung der Entspanntheit.

Jetzt ist es da, das bunte Ende,
drum geben wir uns all die Hände,
Drehen uns ein ins Schneckenhaus
Und drehn uns langsam wieder raus.
Gehen raus aus diesem Raum,
sind ganz locker wie im Traum.

I.   Literatur

Brand, I., Breitenbach, E. & Maisel, V. (1988). *Integrations-Störungen. Diagnose und Therapie im Erstunterricht* (4., überarbeitete Aufl.). Würzburg: Maria-Stern-Schule des Marienvereins mit Marienheim.

Cleland, C., Clark, **C.** (1966). Sensory deprivation and aberrant behavior among idiots. American journal of mental deficiency 71.

Hulsegge, J. & Verheul, A. (1996). *Snoezelen* (5.unveränderte Auflage). *Eine andere Welt*. Marburg: Lebenshilfe Verlag.

Mertens, K. (2018). *Snoezelen. Eine Einführung in die Praxis*. Dortmund: Verlag Modernes Lernen.

Anlage 1
Kopiervorlage zum Spiel >Auf dem Seerosenblatt<

Anlage 2
Material

Mit Bildern werden Ihnen verschiedene Materialien (Lichtobjekte, Musikinstrumente) dargestellt, um Ihnen die Suche nach geeigneten Objekten für Ihre Arbeit etwas zu erleichtern. Konkrete Anbieter zu nennen ist aufgrund des Mediums Buch, das nicht monatlich aktualisiert wird, wenig sinnvoll.

Lichteier mit einstellbarem Farbwechsel (auch als Würfel oder Bälle)

Wand- und Deckenfluter klein monofarbig

Lichtkugel mit Flacker (Feuereffekt)

magische
Plasmakugel
Blitzkugel

Fiberglaslampe

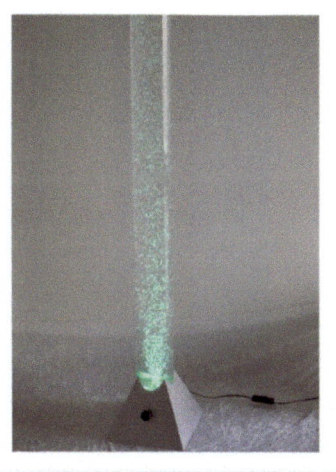

Wassersäule mit
automatischem
Farbwechsel

Wand- und Deckenfluter groß mit automatischem Farbwechsel

Lavalampe und kleine Kugellichter mit automatischem Farbwechsel

Kalimber, Steel Tongue und Tischharfe

Weitere Bücher

Ralf Booth
Ich spanne meine
Muskeln an, damit ich mich
entspannen kann

Progressive Muskelrelaxation für Kinder

Books on Demand GmbH. Norderstedt

In der Reimform wird die progressive Muskelentspannung nach Edmund Jacobson Kindern im Vorschul- und frühem Grundschulalter nahegebracht. Körperbezogene Bewegungsspiele, Lieder, Geschichten und Rätsel ermöglichen das Wechselspiel von Anspannung und Entspannung, wie es in der PME gelebt wird.

ISBN 3-8334-4832-6

Ralf Booth

Schuhkartonspiele

mit Witz und Freude an die deutsche
Rechtschreibung

vom 2. Schuljahr an
bis in die weiterführende Schule

Selbst machen – selbst spielen

16 Spiele mit denen man
die Rechtschreibhürden spielend angehen kann

BoD – Books on Demand, Norderstedt

Das Buch zeigt, wie man aus Schuhkartons wunderbar Spiele
gestalten kann, die nicht nur Freude beim Spielen bereiten,
sondern mit denen man auch zum Schreiben angeregt wird.

ISBN: 9 – 783748 – 190158